Sonia Maria Dorce

A Queridinha do Meu Bairro

Sonia Maria Dorce

A Queridinha do Meu Bairro

Sonia Maria Dorce Armonia

imprensaoficial

São Paulo, 2008

Governador José Serra

imprensaoficial Imprensa Oficial do Estado de São Paulo

Diretor-presidente Hubert Alquéres

Coleção Aplauso

Coordenador Geral Rubens Ewald Filho

Apresentação

A relação de São Paulo com as artes cênicas é muito antiga. Afinal, Anchieta, um dos fundadores da capital, além de ser sacerdote e de exercer os ofícios de professor, médico e sapateiro, era também dramaturgo. As 12 peças teatrais de sua autoria – que seguiam a forma dos autos medievais – foram escritas em português e também em tupi, pois tinham a finalidade de catequizar os indígenas e convertê-los ao cristianismo.

Mesmo assim, a atividade teatral somente se desenvolveu em território paulista muito lentamente, em que pese o marquês de Pombal, ministro da coroa portuguesa no século 18, ter procurado estimular o teatro em todo o império luso, por considerá-lo muito importante para a educação e a formação das pessoas.

O grande salto foi dado somente no século 20, com a criação, em 1948, do TBC –Teatro Brasileiro de Comédia, a primeira companhia profissional paulista. Em 1949, por sua vez, era inaugurada a Companhia Cinematográfica Vera Cruz, que marcou época no cinema brasileiro, e, no ano seguinte, entrava no ar a primeira emissora de televisão do Brasil e da América Latina: a TV Tupi.

Estava criado o ambiente propício para que o teatro, o cinema e a televisão prosperassem entre nós, ampliando o campo de trabalho para atores, dramaturgos, roteiristas, músicos e técnicos; multiplicando a cultura, a informação e o entretenimento para a população.

A *Coleção Aplauso* reúne depoimentos de gente que ajudou a escrever essa história. E que continua a escrevê-la, no presente. Homens e mulheres que, contando a sua vida, narram também a trajetória de atividades da maior relevância para a cultura brasileira. Pessoas que, numa linguagem simples e direta, como que dialogando com os leitores, revelam a sua experiência, o seu talento, a sua criatividade.

Daí, certamente, uma das razões do sucesso desta *Coleção* junto ao público. Daí, também, um dos motivos para o lançamento de uma edição especial, dirigida aos alunos da rede pública de ensino de São Paulo e encaminhada para 4 mil bibliotecas escolares, estimulando o gosto pela leitura para milhares de jovens, enriquecendo sua cultura e visão de mundo.

José Serra
Governador do Estado de São Paulo

Coleção Aplauso

O que lembro, tenho.
Guimarães Rosa

A *Coleção Aplauso*, concebida pela Imprensa Oficial, visa a resgatar a memória da cultura nacional, biografando atores, atrizes e diretores que compõem a cena brasileira nas áreas de cinema, teatro e televisão. Foram selecionados escritores com largo currículo em jornalismo cultural, para esse trabalho em que a história cênica e audiovisual brasileiras vem sendo reconstituída de maneira singular. Em entrevistas e encontros sucessivos estreita-se o contato entre biógrafos e biografados. Arquivos de documentos e imagens são pesquisados, e o universo que se reconstitui a partir do cotidiano e do fazer dessas personalidades permite reconstruir sua trajetória.

A decisão sobre o depoimento de cada um na primeira pessoa mantém o aspecto de tradição oral dos relatos, tornando o texto coloquial, como se o biografado falasse diretamente ao leitor.

Um aspecto importante da *Coleção* é que os resultados obtidos ultrapassam simples registros biográficos, revelando ao leitor facetas que também caracterizam o artista e seu ofício. Biógrafo e biografado se colocaram em reflexões que se estenderam sobre a formação intelectual e ideológica do artista, contextualizada naquilo que caracteriza e situa também a história brasileira, no tempo e espaço da narrativa de cada biografado.

São inúmeros os artistas a apontar o importante papel que tiveram os livros e a leitura em sua vida, deixando transparecer a firmeza do pensamento crítico ou denunciando preconceitos seculares que atrasaram e continuam atrasando nosso país. Muitos mostraram a importância para a sua formação terem atuado tanto no teatro quanto no cinema e na televisão, adquirindo, portanto, linguagens diferenciadas – analisando-as com suas particularidades.

Muitos títulos extrapolam os simples relatos biográficos, explorando – quando o artista permite – seu universo íntimo e psicológico, revelando sua autodeterminação e quase nunca a casualidade por ter se tornado artista – como se carregasse desde sempre, seus princípios, sua vocação, a complexidade dos personagens que abrigou ao longo de sua carreira.

São livros que, além de atrair o grande público, interessarão igualmente a nossos estudantes, pois na *Coleção Aplauso* foi discutido o intrincado processo de criação que concerne ao teatro, ao cinema e à televisão. Desenvolveram-se temas como a construção dos personagens interpretados, bem como a análise, a história, a importância e a atualidade de alguns dos personagens vividos pelos biografados. Foram examinados o relacionamento dos artistas com seus pares e diretores, os processos e as possibilidades de correção de erros no exercício do teatro e do cinema, a diferença entre esses veículos e a expressão de suas linguagens.

Gostaria de ressaltar o projeto gráfico da *Coleção* e a opção por seu formato de bolso, a facilidade para ler esses livros em qualquer parte, a clareza e o corpo de suas fontes, a iconografia farta e o registro cronológico completo de cada biografado.

Se algum fator específico conduziu ao sucesso da *Coleção Aplauso* – e merece ser destacado –, é o interesse do leitor brasileiro em conhecer o percurso cultural de seu país.

À Imprensa Oficial e sua equipe coube reunir um bom time de jornalistas, organizar com eficácia a pesquisa documental e iconográfica e contar com a disposição, o entusiasmo e o empenho de nossos artistas, diretores, dramaturgos e roteiristas. Com a *Coleção* em curso, configurada e com identidade consolidada, constatamos que os sortilégios que envolvem palco, cenas, coxias, *sets* de filmagem, cenários, câmeras, textos, imagens e palavras conjugados, e todos esses seres especiais – que nesse universo transitam, transmutam e vivem – também nos tomaram e sensibilizaram. É esse material cultural e de reflexão que pode ser agora compartilhado com os leitores de todo o Brasil.

Hubert Alquéres
Diretor-presidente da
Imprensa Oficial do Estado da São Paulo

Este livro é dedicado a Francisco Dorce,
meu primeiro e inesquecível mestre;
Da. Mariquinha, minha primeira fã;
Admir Armonia, o amor de minha vida;
Anna Paula e Renata, os benditos frutos; e
Danilo e Gustavo, as verdadeiras dádivas

Sonia e Vida Alves, em evento da Pró-TV

Prefácio

Este é um momento de felicidade para mim, pois começo a escrever o prefácio deste livro de Sonia Maria Dorce – *A Queridinha do Meu Bairro*.

Ser escolhida para prefaciar um trabalho é sempre uma honra... Mas de Sonia Maria, ainda mais. É que a conheço há muitos anos, desde que era uma menininha, e sempre a admirei. Aliás, conheci antes seu pai, o maestro Francisco Dorce, que foi tão bom para mim, marcou com carinho e amor o começo de minha carreira, quando *me meti* a ser cantora. A paciência do Chico Dorce, sua bondade, sua suavidade enfeitaram aquela fase da jovem *atriz-cantora-apresentadora* e sei lá mais o que. E cantora o fui, mais pela bondade dele, do querido maestro e professor Chico Dorce, do que por mérito meu.

Pai de Sonia Maria, Chico Dorce foi um sábio. Tinha *sabedoria de viver*, de educar, de equilibrar a vida de artista, e ele era-o, com a de pai, de maestro, de diretor de programa infantil, em que é necessário estar com as crianças artistas, além de suportar suas mães, as famosas e *chatas* mães de artistas. Vejam que a palavra chula, usada há pouco, é minha e por isso o grifo; não dele, que nunca a disse, sempre paciente com *aquelas encantadoras senhoras*, todas achando suas crias, a maior, a melhor, a única, a estrela.

Nem Sonia Maria, sua filha, deixou que assim se considerasse. Era dele que vinha o equilíbrio da menina, que tinha tudo para ser *celebridade*, pois ninguém jamais, antes ou depois, teve tanta popularidade. E Sonia Maria foi sempre isso: a inteligência, a cultura, a arte, a graça, a bondade, tudo isso numa mulher só.

É para descobrir isso que peço àqueles que vão ler este livro, e sei que serão muitos, que o façam com delicadeza, sem pressa, pois é verdadeira filigrana, é ouro em pó o texto de Sonia Maria. Sua dificuldade em se auto-elogiar fez com que usasse o recurso de, às vezes, usar a terceira, e às vezes, a primeira pessoa. Sua inteligência e sua cultura, mal disfarçadas, surgem nas frases, nas citações, nas lembranças.

Sonia Maria é dona de temperamento forte tanto que inabalável. Hoje, avó, e portanto mãe, etc., mantém-se ainda menina. Ser advogada e diretora jurídica da Pró-TV, entre outros cargos que exerce e exerceu em sua vida, não tiram dela o prazer de viver, de enfeitar a vida, de rir, de contar piada, de ser artista, como ela mesma confessa, de ser criança, de ser mulher. Repito, portanto, e faço-o à guisa de orientação, ao lerem este livro, em sua primeira parte, principalmente, façam-no devagar, com suavidade, pois estarão entrando no coração de uma grande mulher. E nele há tanto o que aprender...

Vida Alves

Agradecimentos

Meu primeiro agradecimento é a você, leitor, que se propôs a ler as lembranças aqui transcritas, por favor, entenda que não sou escritora nem jornalista, sou apenas dona de uma memória incrível, tenha paciência comigo.

Este relato, despretensioso e meio apaixonado, se não foi bom ou bem-feito, fluiu sem traumas ou dificuldades, esteja certo, porém, de que foi, acima de tudo, sincero.

Talvez, a memória tenha me traído algumas vezes. Há momentos, nesta história em que eu era muito pequenina para avaliar as coisas e os fatos, que me foram sendo narrados no decorrer da minha vida.

Fui testemunha casual de um momento muito importante na história da televisão, das artes e da cultura de meu país, e assim sendo, reconheço que, como não sou uma historiadora nem tenho tal pretensão, este trabalho está eivado de erros e impropriedades. Em Direito, a prova testemunhal é colhida com certa reserva, ela é meramente circunstancial.

Aceite meu depoimento como mera prova circunstancial. Os erros e as omissões aqui cometidos, não os leve a mal, atribua ao meu despreparo como cientista, jamais como má-fé ou desrespeito à verdade dos fatos.

Agradeço às pessoas que deram depoimentos e com isso contribuíram, em muito, para enriquecer esse trabalho, exaustivo, mas extremamente prazeroso.

Agradeço, também, a todo o pessoal da Pró-TV – Associação dos Pioneiros, Profissionais e Incentivadores da Televisão Brasileira por sua generosidade em abrir-me seus arquivos para consultas e, em especial, à Lu Bandeira por seu carinho e paciência.

Introdução

*Há menos egoísmos na imaginação que
na memória*

Marcel Proust

Numa certa manhã de sol, começava o outono e fui entrevistar Rubens Ewald Filho para o Boletim da Pró-TV – Associação dos Pioneiros, Profissionais e Incentivadores da Televisão Brasileira, no seu elegante e aconchegante apartamento no bairro de Higienópolis.

Conversa vai, conversa vem e ele me contou sobre o projeto da Imprensa Oficial sob sua coordenação, chamado *Coleção Aplauso*, que resgata a memória de artistas, diretores, roteiristas, enfim, pessoas que fizeram parte da cultura e das artes deste Estado e por motivos vários não tinha tido até então, o registro adequado.

Gentilmente, convidou-me a colaborar com o projeto, relatando minhas experiências como a primeira criança da televisão brasileira.

Agradeço-lhe muito a confiança em mim depositada, e aqui estou eu tentando passar para os leitores um pouco das minhas vivências, como criança, adolescente e jovem que viveu praticamente todo esse tempo dentro de uma emissora de rádio e televisão e minhas relações com os adultos e outras crianças nesse período.

Escolhi para narradora nessa caminhada a Dra. Sonia Maria Dorce Armonia, uma velha conhecida minha, uma jovem senhora, meio lúcida e meio comedida, só meio, porque, convenhamos, lucidez e comedimento demais também incomodam, que acompanhou todo o processo de vida e desenvolvimento da Sonia Maria Dorce e talvez possa dar ao leitor uma visão menos intimista e mais objetiva dos acontecimentos, sem nunca esquecer o valor da poesia e da fantasia que ponteia e às vezes domina os passos dos artistas.

Juntas, elas começaram a remexer o baú das lembranças e recordações, das boas e das más. Quantas emoções foram encontradas, lágrimas perdidas, sonhos desfeitos, ilusões ainda aprisionadas, alegrias reconstituídas, muitos, muitos sorrisos, risadas e até um montão de gargalhadas, momentos que pareciam perdidos ao longo da jornada.

Finalmente, constata-se que emoções renovadas são emoções revividas e que o coração, esse incorrigível sentimental, não envelhece jamais.

Mas isso não é tudo, é impossível e não seria salutar ficar vivendo eternamente de lembranças. Elas são boas mas não alimentam nossa alma, sedenta de movimento, de ação, de progresso.

Assim, com a bagagem das lembranças, descobri que a melhor maneira de prever o futuro é escrevê-lo.

Esperamos que a narradora possa ser, o mais possível, fiel aos fatos e que a memória afetiva não obscureça a realidade.

No entanto, se pensarmos bem, a realidade é tão precária que, às vezes, deve-se mesmo permitir o caminho livre da imaginação.

Que estas singelas lembranças possam contribuir com algo para quem com elas deparar, pois os tempos aqui relatados foram vividos com intensidade e com muito amor e, só por isso, valeram a pena. Convido o leitor a acompanhar-me nessa caminhada.

A autora

Francisco Dorce, D. Francesca Dolce e D. Mariquinha, em Belo Horizonte

Parte I

Capítulo I
Nasce uma Estrela

Esqueci o berço, não esqueci o colo.

Álvaro Moreyra

O sábado amanheceu chuvoso, meio frio lá para as bandas das Alterosas. Era o mês de maio do ano de 1944, a guerra continuava na Europa, implacável e violenta, havia blecaute, nem sempre se encontravam todos os alimentos, as guloseimas preferidas, cada vez mais raras, mas vivia-se bem. Pelo menos em Belo Horizonte, Minas Gerais no solar antigo, majestoso e bem cuidado da família Dolce, vivia-se bem.

Era uma casa cheia de amor, de firmeza, um verdadeiro matriarcado, comandado por quem atravessara o oceano para tentar a vida do outro lado do mundo e não se intimidava com qualquer coisa. Eram duas mulheres fortes e valorosas – Francesca e Maria Yolanda.

O filho mais velho, Franceschino, partira há muito tempo, buscando mais espaço para seus ideais libertários e para sua música.

A filha caçula, Maria Yolanda, que devia seu nome à filha do rei da Itália, inteligente, sensível e trabalhadeira, restou sempre ao lado de sua mãe, a matriarca Francesca Pieratoni Dolce.

O velho Guido Dolce, o pai, por incompatibilidade de gênios, afastou-se da família no passado, porém, no fim de sua vida, como um velho guerreiro pediu refúgio no castelo e lá foi bem recebido.

Começou lá pelas 21h e a Mariquinha, frágil e temerosa, sofria e não fazia segredo de seus temores e de suas dores de parto.

A *signora* Francesca, como era conhecida, posicionava-se contra mulheres darem à luz em maternidades. Bobagens, invencionices inúteis, costumes completamente ignorados em *Spazzavento*, sua terra natal, um pequeno *"paese"* na longínqua e amada Toscana. Além disso, podia haver o risco de o bebê ser trocado. *O* bebê, porque não havia a menor possibilidade de ser uma menina.

Pois o fato é que o sábado virou domingo e faltava pouco para o raiar da aurora e nada da cegonha trazer o rebento. Brevemente, viria o Sol, algo envergonhado, pois chovera pra valer nos dias anteriores, mas ele prometia estar presente na manhã de domingo, no entanto, as estrelas no céu relutavam em deixar seu lugar.

Para a felicidade dos participantes da procissão em louvor à Virgem Maria, que, às 5h, desfilava em frente da casa da Rua Rio Casca, parara de chover.

Dona Mariucha, a parteira, gorda que só ela, passara a noite em claro, obrigando a parturiente a fazer força, muita força. As outras mulheres da casa, meio assustadas, obrigavam-se a manter o fogo aceso e a água fervendo, exigindo o consumo de uma quantidade imensa de lenha, incessantemente cortada pelo velho Guido. (Nunca entendi por que ao se dar à luz em casa é preciso ferver tanta água).

Francesca, em silêncio, apreensiva, testemunhava o sofrimento da nora, sempre acompanhada pelo seu rosário de pedras negras. Os gritos espalhavam medo entre os moradores da casa e seus vizinhos próximos.

Passado algum tempo, a parteira solenemente informou: *Não há nada que eu possa fazer, é preciso chamar uma ambulância, meus trabalhos terminam aqui. A parturiente precisa de um médico urgente, se não morrem mãe e filho.*

O quê?, esbravejou Maria Yolanda. *A senhora não arreda pé daqui.* Corajosamente, pegou D. Mariquinha, pelos ombros, a parturiente esquálida, enfraquecida e quase desvalida, e ordenou-lhe: *Faça força, Maria* (ela sempre se recusou a chamá-la por seu apelido), *seu filho precisa nascer.*

Ela atendeu a esse apelo terminante e definitivo, fez a força final e eis que o bebê veio ao mundo.

Berrando, como um verdadeiro Dolce, de boa cepa, com sangue italiano nas veias, combinado com muito *Chianti* e *Valpolicela* e outras misturas, não tão nobres, tomadas pelo pai e pelo avô.

A parturiente quase se foi, tamanho o esforço cometido, e por isso mereceu atenção de todos naquele instante dramático, esvaindo-se em sangue.

Esqueceram-se da criança, nem festejaram sua chegada, tamanha aflição e martírio sofridos pela mãe.

Somente o Vô Guido percebeu que, nessa hora, se apagaram as estrelas do céu. Muito justo, começava a brilhar uma estrelinha aqui na terra.

Algum tempo depois, a própria parteira olhou para o lado e viu um ser feinho e enrugado, embrulhado na toalha de linho do enxoval de sua avó, que clamava a todos os pulmões e proclamou: *É uma menina!*

Aquela informação caiu como uma bomba, avô, avó, tia, padrinho Ariston Santiago, amigos, todos esperavam um garoto, essa era a tradição na família italiana o primeiro filho deve ser *maschio*. Só a mãe da garotinha, em silêncio, festejou e agradeceu sorrindo o presente que o menino Jesus lhe enviara, finalmente teria, só para si, uma boneca de cachinhos dourados.

No entanto, aquela aflição durou apenas uma fração de segundo, pois a criança passou de colo em colo e depois de ter conferido os dedinhos e outras partes do corpo em perfeitas condições, obteve a aprovação da matriarca, foi abençoada pelo avô e reconhecida como herdeira, primogênita de uma antiga família, quase sem recursos financeiros, mas com muita dignidade, cujos primórdios, descobriu-se depois, remontam ao século XIII.

Todo esse intróito foi para dizer que nascemos eu e a Sonia Maria no dia 14 de maio de 1944, em Belo Horizonte, Minas Gerais, precisamente às 6h5, uma manhã de domingo.

O pai estava ausente, fora para Belo Horizonte, apresentar sua esposa à família e criar o corpo musical e de balé do Cassino da Pampulha, como licença especial concedida pela Rádio Tupi-Difusora de São Paulo, para a qual prestava serviços como maestro e pianista. Tão logo o local ficou pronto, a casa funcionando e o show encantando os mineiros, teve que partir para seus compromissos paulistas.

Lá deixou a mulher, *gravidíssima* impossibilitada de enfrentar a viagem de avião de volta, e só depois de seis meses do nascimento de sua filha, é que pode conhecê-la, quando ambas retornaram à paulicéia para aqui fixar residência.

No aeroporto, a emoção era demais, o pai não sabia o que fazer, muita gente reunida para recepcionar o bebê, que embora nascida mineira, seria paulista de coração, fé, convicção e eleição.

Esperavam o avião, em Congonhas o clã dos Bazoni, (família da mãe da criança) – tia Laura,

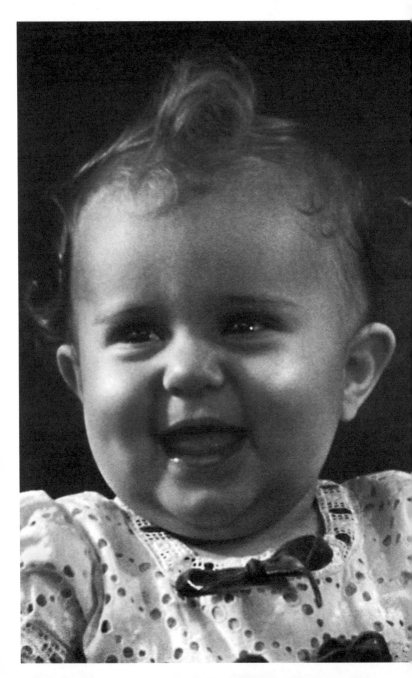

tio Ninim, os primos Sheila, Sergio e um bando de amigos.

O pai, já coruja e emocionado, com a filha no colo disse: *Ela é linda como os amores,* talvez fosse mesmo. E foram todos tomar vinho e comer uma bela *pasta sciutta* na Rua Borba Gato, (hoje Virgílio de Carvalho Pinto), em Pinheiros, onde a nova família fixaria residência.

A casa não era tão imponente, nem senhorial como aquela de Belo Horizonte, mas era um lar, na expressão total da palavra. Lá havia muito amor, algumas briguinhas sem importância, claro, mas ali se comia muito bem. D. Mariquinha era exímia cozinheira, aprendera com D. Carmen, sua mãe, que viera, recentemente de Jaboticabal, em seu auxílio (muito tempo antes deixara *Cropalatti,* Calábria, Itália) e lhe ensinara todos os truques da cozinha calabresa.

Aquela era uma casa repleta de fantasia, poesia, música e de artistas, pois ali eram ensaiados os números de canto e de orquestra dos programas de rádio dos quais Francisco Dorce fazia parte, e eram muitos.

O nome original da família é Dolce. Por um erro de ortografia o nome de Francisco foi grafado Dorce e esse erro comunicou-se à sua mulher – Maria Bazoni Dorce – e às suas duas filhas e filho – Sonia Maria Dorce, Márcia Dorce e Francisco Dorce Filho.

Sonia em seu primeiro aniversário

Despedida do cantor Machadinho do Clube Papai Noel, onde se vê Sonia aos dois anos de idade (frente à direita)

Capítulo II
Os Primeiros Passos

Não importa quando nem como, sempre que se fizer necessário, acontecerá.

Sonia Dorce

Ninguém modifica ninguém, a gente nasce com os defeitos e qualidades, que no decorrer da vida vão se avolumando, aperfeiçoando ou deteriorando.

O velho Chico Dorce sempre dizia quando as mães de criancinhas maravilhosas e geniais apareciam pedindo-lhe que ensinasse sua prole a cantar, declamar, enfim, que transformasse os filhos em artistas.

Minha senhora, eu posso tentar ministrar uma educação musical no seu filho; ensiná-lo a ser artista, jamais; isso é um dom, nasce com as pessoas. E, convenhamos, Sonia Maria nasceu com esse dom.

No ano de 1946, o lar da família Dorce foi enriquecido com a chegada de outra filha, a Márcia. Essa vinda trouxe muitas alegrias para todos e preocupação para os pais da pequena Sonia, que reinara sozinha até então. Como forma de alegrar a menina, além dos muitos presentes recebidos, seu pai resolveu levá-la, com mais freqüência, à Rádio Tupi e deixá-la, aos poucos, acompanhar um conjunto de crianças que fazia o coro de acompanhamento a um solista no programa infantil que dirigia.

Assim, timidamente, começou a aparecer no palco da Rádio Tupi-Difusora, no programa *Clube Papai Noel*. Esse programa tinha a direção artística de seu pai Francisco Dorce e a direção geral de Homero Silva.

A proximidade de sua casa com a Rádio Tupi-Difusora era tamanha que a menina fazia, às vezes, confusão e nem mesmo sabia onde terminava sua casa de verdade e onde começa a emissora de rádio.

Homero Silva foi, nos fins dos anos 40 e início dos 50, um dos maiores ídolos nacionais, criados pelo rádio. Sim, porque graças à grande à potência da Rádio Tupi e Difusora que chegava muito longe, atingindo muitos ouvintes, conjugados com sua voz marcante e personal, grande capacidade de improvisação e inteligência, encantava a todos e, literalmente, arrasava os corações das moçoilas da época.

Pode-se dizer, sem sombra de dúvidas, que Homero Silva foi um dos mais importantes radialistas de seu tempo, sendo seu valor reconhecido por conta de inúmeros prêmios recebidos, da mesma forma que, por aclamação popular, se tornou um político de sucesso, tendo sido eleito duas vezes para o mandato de vereador e também por duas vezes ocupado cadeira na Assembléia Legislativa do Estado de São Paulo.

Pelo programa *Clube Papai Noel*, passaram muitas crianças que se tornaram artistas – algumas delas - Vida Alves, Lia de Aguiar, Alda Perdigão, Erlon Chaves, Walter Avancini, Regis Cardoso, Lurdinha Pereira, Laura José Ribeiro, Wilma Bentivegna, Jane de Moraes, Cidinha Campos, Wanderley Cardoso e também Sonia Maria Dorce.

No final dos anos 40, as pessoas não tinham muita diversão, tudo era muito limitado, e o rádio era a grande referência, transportava as pessoas para longínquas paragens e realizava os mais diversos sonhos.

Na casa da família Dorce não era diferente, ouvia-se rádio noite e dia, acompanhando os noticiários, as novelas, os programas de variedades, os concertos, enfim... Tudo.

Numa manhã de março de 1947, ainda fazia frio e logo pela manhã houve um grande movimento de pessoas, estava chegando um caminhão enorme. Homens estranhos levaram o pequeno piano usado e meio desbotado e em seu lugar chegava um reluzente *alemão*, marca *C. Bechstein,* novinho em folha, com o teclado reluzente como um sorriso impecável, e de cor bordô, bem forte, certamente em homenagem ao vinho tinto que o Velho Dorce tanto apreciava.

Foi nesse piano que Sonia Maria aprendeu com seu pai, muito rigoroso e exigente, as primeiras notas e de lá saíram muitos dedilhados, valsas de

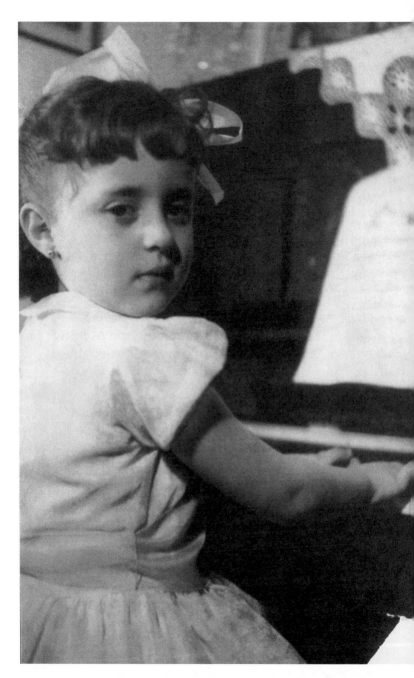

Chopin e algumas sonatas de Beethoven, infelizmente, deixadas para trás e esquecidas. Também era com esse instrumento que as crianças e artistas ensaiavam, era essa afinal a ferramenta de trabalho de seu pai.

Nas noites de segundas-feiras, quando o pai não trabalhava à noite, a casa enchia-se de melodia, faziam-se saraus íntimos, D. Mariquinha cantava e acompanhava-se ao violão, entre as músicas, o inesquecível *Corguinho*, de Paraguaçu, estava sempre presente. As meninas eram apresentadas à boa música popular e clássica e aos livros, inicialmente os infantis e depois à grande literatura.

Também se contavam muitas estórias, de viagens, de fadas, de fantasmas, do passado, das revoluções vivenciadas e muito mais daquelas sonhadas. Havia também as estórias do *Bolim-Bolacho*, que era um pouco o menino Francisquinho, mas também um personagem misto de ficção e realidade, baseado nas aventuras e desventuras do pai. Tamanhas eram as façanhas, que as filhas sempre indagavam: *papai, isso aconteceu, realmente?* Ao que ele respondia, sorrindo: *se não aconteceu, a culpa é da realidade, tão pobrinha, tão sem imaginação!*

A menina, então, constatou que quem abre a boca, abre a imaginação.

Seu pai tinha verdadeira adoração por livros. Comprava-os em grande quantidade, dos mais variados temas, ficção, literatura, política. Para as crianças, todo o tipo de novidades, com histórias infantis, como a coleção de Monteiro Lobato, (livros com maravilhosa encadernação, marrom e dourada) e também uma coleção que se chamava *O Tesouro da Juventude*. Era uma coletânea com intenção enciclopédica, feita para crianças e jovens e ajudava muito nos trabalhos escolares.

Ele teatralizava todos os seus atos e gostava muito de metáforas, naquela ocasião, disse para as meninas: *escondida dentro dessa coleção, há uma chave, quem encontrá-la será dono de um imenso tesouro.* Sabendo disso, as meninas começaram a folhear os livros na busca da chave especial. Só mais tarde, puderam alcançar o simbolismo da expressão. E este dito virou brincadeira entre eles.

Naquela época e ainda hoje, as emissoras de rádio resumiam-se em algumas diminutas salas, de pequenos estúdios e sonoplastia, além do setor administrativo.

Nos altos do Sumaré, um bairro meio afastado do centro comercial da cidade de São Paulo, Francisco de Assis Chateaubriand Bandeira de Melo, cabra valente e destemido, comprovando a máxima de que não há limites para o homem que tem a capacidade de sonhar, começava a consolidar parte de seu grande império, o embrião das Emissoras Associadas – a Rádio Tupi e Difusora –, complexo que se costumou chamar a *Cidade do Rádio*, ele que já era conhecido, de sobejo, no meio jornalístico, com os Diários Associados e também porque iniciava o acervo do que veio a se constituir no mais importante museu de arte do Brasil – o MASP – Museu de Arte de São Paulo Assis Chateaubriand.

Esse conjunto de emissoras, além de grande potência de transmissão, possuía muitas salas para radionovelas, que eram o grande destaque do momento, espaços para programas de variedades, noticiários, salas de ensaio para atores e orquestras, isso mesmo, havia muitas orquestras, entre elas, a Grande Orquestra Tupã, cujo regente e responsável era o maestro Francisco Dorce. Dentre seus músicos mais diletos sobressaíam Clóvis e seu irmão Casé, que se tornaram famosos saxofonistas, e um jovem pistonista, carinhosamente chamado de *Chupeta*, por conta de sua pouca idade – começara a tocar menor de idade -, Mário Pellegrini, e suas *ladies crooners*, - Vida Alves e Hebe Camargo.

O final dos anos 40 e início dos 50 marcaram época por ser a era de ouro das orquestras. A Grande Orquestra Tupã fazia muito sucesso em bailes, sobretudo os de formatura. Quase todo final de semana, percorria o interior de São Paulo com um repertório muito eclético, tocava foxtrote, *boogie-woogie,* samba e até mesmo tango, pois inserida na orquestra havia uma típica argentina, com *bandoneons* e tudo o mais.

Havia também na Av. Alfonso Bovero local para um grande auditório, onde eram apresentados os programas humorísticos, de variedades, musicais e aos domingos lá pelas 10h o esperado *Clube Papai Noel* – cujo slogan era o *Clube de Rádio das Crianças do Brasil*.

O interesse do público era tão grande que, já pelas primeiras horas da manhã, se formavam imensas filas de pessoas interessadas em assistir

Grande Orquestra Tupã, *com Francisco Dorce ao piano*

ao espetáculo dos artistas mirins. As senhoras, em roupas de festa, os homens com paletó e gravata e as crianças todas engalanadas.

A força de penetração do rádio era imensa. Como maior veículo de comunicação de massa da época, os ouvintes praticamente *viam* tudo que era falado no rádio.

Radionovelas e radioteatros, os programas de variedades, os noticiários, os musicais e até os concertos eram acompanhados pelos ouvintes com devoção quase religiosa.

A menina lembra-se de uma radionovela acompanhada por sua mãe, avó Carmem, e Tia Laura – era uma estória de patinadores. Ela nem sabia bem o que isso significava. Nunca vira um rinque de patinação em sua vida, mas vibrava com as peripécias dos atores, sobretudo quando a heroína patinava, ao lado de seu amado, ao som da Valsa dos Patinadores.

Tempos depois, chegou à capital o espetáculo *Holiday On Ice* com um verdadeiro rinque de patinação no gelo, coisa absolutamente inédita no Brasil. A família Dorce inteira foi assistir ao show. Mas para desilusão da pequena Sonia, aquele rinque de patinação, que ela *vira*, idealizara na novela do rádio era mais bonito, mais colorido, mais enfeitado, porque fora elaborado por sua imaginação infantil.

O programa *Clube Papai Noel* não se resumia em ser somente uma transmissão radiofônica, as crianças se reuniam com os dirigentes, Homero Silva, Francisco Dorce, José Paniguel, o locutor e amigo, Zita Martins, professora de canto e de piano, que ensaiava alguns pequenos cantores, muito pais e mães das crianças partícipes, todos unidos, realizavam um trabalho voluntário e benemérito donde aflorava um verdadeiro clube social, com troca de conselhos e experiências, auxilio mútuo, de receitas, de costuras, havia uma preocupação com o desempenho escolar e social, chegando até a se suspender a apresentação das crianças que não correspondessem aos padrões de comportamento desejado. Era algo *sui generis*, uma manifestação como não houve igual no rádio brasileiro. Acabou inspirando programas de rádio, nos mesmos moldes, pelo Brasil.

O *Clube Papai Noel* foi transmitido de 1938 até 1967, ficou 29 anos no ar, mais ou menos com o mesmo formato. Na maior parte desse período, o programa foi apresentado por Homero Silva e em suas ausências, por Sonia Maria.

Faziam-se também diversas campanhas beneméritas em prol das crianças carentes, como o característico *Natal das Crianças Pobres*, que levava para os altos do Sumaré uma quantidade enorme de pessoas buscando as cestas de alimentos e brinquedos arrecadados pelos familiares e amigos das crianças do programa

D. Mariquinha e Sonia a caminho do Clube Papai Noel

Festa de aniversário de Clube Papai Noel, com Sonia e Homero Silva, ao fundo

Clube Papai Noel e da população em geral. Havia uma mobilização, uma integração das pessoas nesse trabalho voluntário, do qual participavam todos os artistas na venda de rifas e arrecadação de alimentos e brinquedos.

As pessoas ligavam e pediam que determinado artista fosse até sua casa com os talões das rifas. Para ter esse privilégio era preciso comprar pelo menos um talão completo de rifas, que corresponderia, nos dias de hoje, algo em torno de R$500,00 (quinhentos reais).

Muitas vezes, Sonia era convidada a ir até a casa dos fãs. Ela gostava muito, pois era quase sempre recebida com festa, doces, refrigerantes e, às vezes, até brinquedos, além das casas serem lindas e todos muito gentis, aproveitava a oportunidade para conhecer gente muito importante da sociedade paulistana. As famílias se reuniam e compravam muitos talões. Sonia Maria era a campeã de vendas. Também, a menina declamava muitas poesias, em troca das rifas. Os prêmios das rifas eram ótimos, mas ninguém ligava muito para isso; o público queria mesmo ter seus artistas nas suas casas.

Numa dessas ocasiões, foi convidada pela família Matarazzo a ir até lá, pois iriam comprar 10 talões. Foi uma data memorável, além de ser uma ótima venda, a menina iria ingressar por aqueles magníficos e protegidos portões no casarão da Av. Paulista.

Sonia foi acompanhada de seu pai e teve na chegada uma calorosa recepção. Eles não tiveram nem tempo de conhecer a casa, pois haviam montado uma verdadeira festa nos jardins, em volta da piscina e Sonia, que queria tanto conhecer a casa, ficaria só na vontade.

Foram servidos lanches e doces, refrigerantes, sucos e sorvetes e a menina morrendo de curiosidade de conhecer o interior, para depois contar vantagens para suas amiguinhas. Lá pelas tantas, conseguiu escapar das vistas de seu pai e entrou numa das salas, cuja porta estava aberta. Para seu desespero, uma formidável e estridente campainha começou a soar, alertando todo o quarteirão, e em segundos apareceram muitos seguranças, além de todo o pessoal da casa. Sonia Maria, aterrada, estancada no meio da sala, não entendendo o que se passava. Estava ligado um alarme no chão da sala, assim que a menina pisou nele... O mundo veio abaixo! (ou acima, como queiram). Foi um terror!

O velho Chico Dorce, na hora, ficou muito embaraçado, depois, o caso foi motivo de muitos risos, até hoje lembrado pela família.

Guardadas as devidas proporções, as campanhas daquela época, assemelhavam-se às feitas hoje em dia pelas grandes redes de televisão, em termos de mobilização das pessoas, só que tudo era feito pessoalmente, mão na mão, olho no olho, pois não havia a contribuição (?!) da tecnologia.

Das festas de final de ano, nas quais havia uma grande confraternização, participavam não só os integrantes do *Clube Papai Noel*, mas de todos os artistas da emissora. Eram realizadas na Caixa d'Água da Sabesp – nem sei se a empresa já tinha esse nome -, em frente à Rádio e TV Tupi. A empresa cedia o espaço, outras ajudavam, como a Companhia Antárctica Paulista oferecendo as bebidas, mesas e cadeiras, a Companhia Paulista dos Refinadores enviava açúcar e café, as pessoas providenciavam as comidas, doces e salgados, havia música, muita música, cantoria e alegria de vida, a criançada corria solta pelos jardins. Para as meninas da família Dorce e, certamente para as outras crianças também, aquele lugar era algo como uma floresta encantada, tanto espaço, tantas árvores, tantas plantas, se possível fosse a comparação.

Um dia desses, voltamos aos jardins da velha Caixa d'Água. Para nossa surpresa o lugar continua mágico, envolvido no manto diáfano da fantasia, das doces lembranças infantis, por suas vielas pudemos escutar o riso abafado e os passos esquecidos daquelas crianças maravilhosas que fomos um dia.

Dentro desse ambiente, Sonia Maria Dorce, com 3 anos fez sua estréia no rádio, cantando *Taí*, e quase pondo em perigo a carreira da *Pequena Notável,* a inigualável Carmen Miranda. Esse momento memorável foi registrado em disco de acetato por Arlindo Cocilfo, que com Darcy Cavalheiro eram responsáveis pela sonoplastia do programa. Deu início a sua atuação nos meios artísticos, só interrompida às vésperas de seu casamento, em 1968.

O programa *Clube Papai Noel* tinha uma hora de duração, e Sonia Maria começou cantando e depois declamava poesias do cancioneiro nacional, as dos românticos e parnasianos, passando pelos modernistas e contemporâneos, como Castro Alves (*Vozes D'África* e *Navio Negreiro*), Olavo Bilac, Colombina, Guilherme de Almeida, Jorge de Lima, Carlos Drummond de Andrade, Manuel Bandeira, Raul de Leoni, Heitor Maurano, Menotti Del Picchia, Olegário Mariano, Lulu Benencase, diretor de um famoso programa de rádio, *Festa na Roça*, escrevia poemas *caipiras*, especialmente para ela.

Coripheu de Azevedo Marques, renomado jornalista do célebre programa *Frente Sonora*, que também tinha uma sensível veia poética, escreveu-lhe diversos poemas, entre eles, o mais famoso, *Recordação*, que por conta da enorme repercussão, fez as pessoas acreditarem que a pequena era realmente órfã de mãe, tamanha realidade dominava sua interpretação, ela própria chorando e levando às lágrimas todos aqueles que a assistiam.

Para registro aí vai a poesia, inédita até agora que, por sua singeleza e sensibilidade, merece ser lembrada:

Recordação

Coripheu de Azevedo Marques

Mamãe,
Tenho uma saudade louca de você...
Me lembro muito de você,
Quando pequena mal sabia andar, me fazia
de dura,
Botava um pé aqui, outro lá, caía no chão, co-
meçava a chorar,
E você, assustada, me acariciava, me embalava,
cantava, pra me fazer rir
Mamãe,
Tenho uma saudade louca de você....
Me lembro muito de você,
Me lembro dos brinquedos que juntas brincamos,
Roda, cabra-cega, berlinda, chicote-queimado,
Mas eu gostava mais de brincar de esconder.
Você ficava atrás da porta e eu procurava, pro-
curava,
E quando cansava, bastava fazer um beicinho
pra chorar
E você logo aparecia pra me acariciar,
E eu tudo esquecia pra rir.
Mamãe,
Tenho uma saudade louca de você...
Um dia, você inventou um novo brinquedo,
Ficou quieta, sossegada, nem falava.
Depois foi pra dentro de um caixão,
Tomou um carro feio,
Todos diziam pra mim

Sua mãe foi se esconder.
Então, eu procurei você, procurei,
Fiz beicinho, chorei, e você nunca mais apareceu.
Fiquei com raiva do brinquedo de esconder!

Em muitas poesias que recitava havia palavras difíceis, desconhecidas da menina. Nova intervenção do Chico Dorce, ele com paciência, muitas vezes, procurando no dicionário, praticamente traduzia o alcance e significado de cada expressão, para que as palavras tivessem sentido, justificando a interpretação da menina. Esta providência rendeu excelentes frutos, pois aumentou o vocabulário dos dois, sendo útil pela vida afora, inoculando o germe do amor e respeito às palavras, cultivado até hoje.

Após sua estréia, no meio radiofônico, por ser uma menininha saliente, com grande memória, falante e desinibida, era convidada a participar de outros programas para o público adulto e eventos na Rádio Tupi-Difusora, tornando-se a verdadeira mascote das emissoras.

O tempo passava e na primeira infância é valioso, pois as referências são muitas e há sempre uma enorme sede de aprender por parte das crianças.

Nesta época, foi vital a participação de seu pai nesse aprendizado. Ele mesmo um autodidata, não poupou esforços para transmitir à garota o máximo de informação possível, ao que ela aten-

Sonia entregando a medalha de Os Melhores do Rádio e da TV *a Régis Cardoso (segurando o microfone)*

dia prontamente, sem nenhuma dificuldade. Era uma diversão para ambos.

Apesar da infância, foi adquirindo tarimba e familiaridade com o microfone e, sobretudo, com o público. Os fãs escreviam muitas cartas e quem as respondia era sua mãe, D. Mariquinha, pois, apesar de matriculada no jardim-de-infância do Colégio Machado de Assis, obviamente não sabia ler nem escrever.

D. Mariquinha, mãe de Sonia, nasceu Maria Bazoni Dorce, foi cantora desde tenra infância, e apreciadora inconteste dos velhos carnavais de sua terra natal, Jaboticabal, onde nasceu aos 20 de fevereiro de 1917, falecendo no dia 10 de novembro de 1999.

O Grêmio Juvenil Tupi

Quando as crianças atingiam a idade de 14 anos, se quisessem continuar suas atividades artísticas passavam a integrar o *Grêmio Juvenil Tupi,* programa mais ou menos nos mesmos moldes do *Clube Papai Noel*, mas com enfoque para a juventude, em que praticamente os jovens compunham a programação, sob a direção artística de Francisco Dorce e supervisão de Homero Silva, também apresentador.

Era feita uma grande festa de despedida do jovem artista que se desligava do *Clube* e outra recepção de chegada no *Grêmio Juvenil*.

Esse programa ia ao ar imediatamente, depois do *Clube Papai Noel*, e por lá passaram ilustres personagens, quase todos artistas mirins do antecessor e também circulava por lá, um jovenzinho ainda tímido, *meio verde*, mas muito promissor, que fazia um pouco de tudo – José Bonifácio de Oliveira Sobrinho – o nosso querido Boni.

Capítulo III
O Aparecimento da Televisão

E não sabendo que era impossível, ele foi e fez.

Sonia Dorce

Televisão. O que seria isso?

Certamente essa preocupação não povoava nem impressionava o imaginário de Sonia Maria, envolvida em seu pequeno mundo de fantasias infantis, brinquedos e bonecas.

No entanto, uma grande preocupação dominava a atenção dos artistas, diretores e técnicos de rádio, todos estavam ressabiados com esse desconhecido veículo de comunicação, que poderia ser *do bem*, aceitá-los e aumentar-lhes a renda, mas também um agente do mal, a rejeitá-los e até destruí-los. Quais seriam os aceitos pelo público, como seriam as imagens, enfim, mil interrogações e temores.

Questionava-se, tal como ocorrera há tempos, por ocasião do advento do cinema falado, em contraponto ao cinema mudo, quais seriam as implicações que esse novo objeto transmissor de imagens poderia ter. Será que o rádio iria acabar? Mas antes de tudo isso, pairava uma ligeira desconfiança no ar, uma incredulidade até – viria mesmo televisão para o Brasil? Quem operaria os equipamentos, quem seriam os atores e apresentadores?

E mais, qual deveria ser o comportamento das pessoas diante de uma câmara de TV, qual a atitude, que tipo de roupa vestir, como se pentear, se movimentar, os óculos seriam bem aceitos (questão que se levanta até os dias de hoje), enfim muitas indagações.

Comentava-se na ocasião que Hebe Camargo, jovem e muito bela, uma cantora que conquistava a todos por sua simpatia e espontaneidade, teria perguntado a Homero Silva, se era verdade que a televisão tornava as pessoas feias e gordas, ao que Homero retrucou: *Não se preocupe, Hebe, você ficará muito bonita.*

A televisão para a maioria dos atores e mesmo dos técnicos era um enigma, uma surpresa, uma interrogação!

O que se sabe é que uma pequena equipe de técnicos foi enviada aos Estados Unidos para aprender o manuseio dos equipamentos, entre outros o engenheiro Mário Alderighi e o técnico Jorge Edo. Para os artistas nenhum ensinamento mais especializado, eram todos crias do rádio e ninguém tinha sequer visto televisão na vida. Dos Estados Unidos veio um engenheiro, Walter Obermuller, da RCA americana, para supervisionar a equipe. As primeiras inspirações de como interpretar diante de uma câmara de TV foram buscadas no cinema, mas na verdade a linguagem era outra.

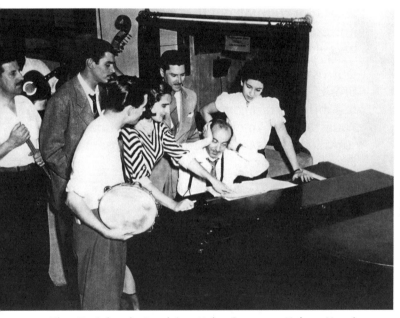

Silas, Zezinho do Pandeiro, Hebe Camargo, Nelson Novais, Francisco Dorce e Lolita Rodrigues, nos estúdios da Rádio Tupi

Quando se escrever a História do século XX, no Brasil, principalmente o período da fase difícil de sua consolidação como nação livre, deverá ter registro especial e destacado o nome de Assis Chateaubriand. Jornalista primoroso, professor respeitado, empresário vitorioso, intelectual, animador cultural, político, diplomata, divulgador apaixonado das coisas e das causas de seu país, líder de muitas campanhas nacionalistas.

Outros empreendedores, responsáveis pelas empresas, juntaram-se aos sonhos e delírios de Chateaubriand, tais como a Companhia Antárctica Paulista, a Sul América de Seguros de Vida e suas subsidiárias, o Moinho Santista e a Organização Francisco Pignatari.

Em janeiro de 1950, chegaram ao Brasil, pelo porto de Santos, os equipamentos da TV Tupi de São Paulo, vindos dos Estados Unidos. Toda essa parafernália subiu a Serra do Mar com destino ao Sumaré, depois de, praticamente, paralisar o centro da cidade.

A torre de transmissão foi transferida para os altos do edifício do Banco do Estado de São Paulo, na esquina da Av. São João, no coração da cidade, o local mais alto, a fim de possibilitar imagem de boa qualidade a todos os telespectadores, que eram muito poucos. Na mesma época, previdente que era, Assis Chateaubriand pensou: *Não adianta nada trazer equipamentos para gerar imagens de televisão, se não houver aparelhos receptores das transmissões.*

Mandou vir dos Estados Unidos, mais ou menos duzentos aparelhos de televisão e distribuiu-os por alguns lugares mais ou menos públicos da cidade, como a Casa Mappin, Mesbla, Cássio Muniz, Jóquei Clube Paulista, o prédio da Rua Sete de Abril, onde funcionavam os *Diários Associados* e ainda deu alguns, para amigos e conhecidos.

Francisco Dorce, além de seu emprego na Rádio Tupi Difusora, desempenhando funções de maestro, pianista, arranjador, produtor, diretor, etc., para poder manter sua família (mulher, duas filhas e a sogra) também fazia gravações de *jingles* para rádio e ainda tocava em boates e *nightclubs*, como *L'Auberge de la Marianne*, de propriedade da Marjorie Prado, no *Cabaret OK*, de propriedade do velho Arcuri, na boate do *Hotel Esplanada*, nas boates *Oásis, Chicote, Muradas* e outros. Muitos desses locais freqüentados por Assis Chateaubriand, quando de suas passagens por São Paulo.

Foi daí que nasceu uma camaradagem entre os dois, e já havendo uma simpatia mútua, acentuou-se, com a graça da pequena Sonia, o Velho Capitão, como veio a ficar conhecido Chateaubriand, resolveu dar-lhe também um aparelho de televisão.

Era um móvel imponente, que ocupava um grande espaço na sala de visitas, de cor escura, com portinholas adornadas por puxadores dourados.

Era lindo, mas completamente sem utilidade, pois, quando as portas eram abertas, nada se podia colocar lá dentro, pois havia uma tela de 19 polegadas, que não transmitia nenhuma imagem. Na verdade, era um trambolho. Confirmando o que se dizia, jocosamente, na época: *Teatro é vida, cinema é arte, televisão é mobília.*

Passaram-se os tempos, aquele móvel tornou-se um mero elemento decorativo e todas as segundas-feiras, dia de feira nas proximidades, D. Mariquinha enfeitava a casa dispondo sobre o móvel encantado, um lindo vaso de flores.

Um belo dia, o professor Dorce resolveu ligar o fio na tomada e apareceu a figura enorme de um índio americano, mal-humorado, cheio de chiados, que povoara o imaginário dos presentes, e ele profetizou que sua filhinha iria aparecer naquela telinha. Ninguém acreditou.

Um pouco mais distante, no Sumaré, a agitação era grande. Dermirval Costalima comandava a direção artística e um jovem intrépido e valoroso, com apenas 23 anos de idade, tomou para si as responsabilidades de assessorá-lo: seu nome Cassiano Gabus Mendes. Era filho de Otávio Gabus Mendes, importante homem do rádio paulista, que também fora diretor artístico da Rádio Tupi-Difusora, seguiu-lhe os passos e, tempos depois, acabou sobrepujando-o.

Passados os primeiros tempos, Cassiano foi-se aperfeiçoando na arte de decifrar a televisão e esteve, durante muitos anos, à frente da TV Tupi, como diretor artístico e depois, supervisor geral da programação. Nos idos de setembro de 1950, contudo era praticamente um garoto talentoso e lá no Sumaré, ultimavam-se os preparativos para a grande função de estréia.

Os apresentadores Homero Silva, Walter Forster, atores e atrizes todos empenhados naquela importante ocasião, quando estava nascendo a PRF3TV – Tupi e Difusora – Canal 3.

Começaram as transmissões de experiência para se testar os equipamentos e os apresentadores. Numa delas cantou o Frei Mojica, que fizera muito sucesso no passado como ídolo do rádio e cinema mexicanos e agora abraçava o sacerdócio. Lima Duarte faz troça até hoje, observando, o contra-senso de um homem trajando hábito religioso cantar apaixonadas canções de amor, que compunham seu repertório. O mais interessante é que as pessoas estavam fazendo história, antecipando um grande momento nacional e não tinham preocupação com isso.

Todos estavam concentrados para dar o melhor de si, com garra, determinação e uma considerável dose de improviso, que caracteriza a alma nacional. Anunciou-se que a inauguração da televisão se daria no dia 5 de setembro, o que acabou não ocorrendo, a verdadeira inauguração, depois de algumas experiências em circuito fechado no prédio dos Diários Associados, aconteceu no dia 18 de setembro de 1950, às 22h00, e a transmissão se deu para a capital, num raio de 100 quilômetros.

Um pouco antes do dia 18 de setembro, o Chico Dorce também ensaiava seus primeiros passos como dublê de técnico em televisão, com o auxílio do Roberval de Sousa, esse sim um especialista: improvisaram uma antena, no alto de um prédio, vizinho de sua casa, para captar melhor a imagem enviada pelo Sumaré, pois nas tentativas de transmissões só se viam chuviscos, acompanhados de muitos chiados. No dia da primeira transmissão oficial, nada disso poderia acontecer.

Sua providência foi colocar o enorme aparelho de TV na janela da frente de sua casa para que os vizinhos e passantes da rua pudessem presenciar o acontecimento, sobretudo porque dois moradores da casa, ele mesmo e sua filhinha iriam aparecer. Dizem que foi um sucesso, a rua simplesmente parou, sua avó serviu bolo de fubá e café e as pessoas ainda um pouco incrédulas puderam testemunhar esse fato histórico. O programa de inauguração – *TV na Taba* – reuniu praticamente toda a equipe de artistas, cantores, músicos, humoristas, técnicos e diretores da Rádio Tupi-Difusora.

Os letreiros foram desenhados por Mario Fanucchi, diretor de arte, apresentando as atrações – só um pouco depois iria nascer o *Curumin*, o indiozinho, também de sua autoria, que se transformaria na marca da Tupi.

Como não podia deixar de ser, também estavam lá as crianças do *Clube Papai Noel* e entre elas a pequenina Sonia Maria Dorce, do alto de seus seis anos, com um cocar de índio na cabeça, mais uma brincadeira do Chateaubriand, foi convocada para, de dentro de um pequeno estúdio, que era a cabine dos locutores, dizer: *Boa-Noite, está no ar a televisão do Brasil.*

Eram três as câmeras que fariam as transmissões, um pouco antes do início do programa, uma delas quebrou.

O engenheiro americano não suportou a tensão, e crendo que não seria possível levar-se ao ar um programa de variedades com 90 minutos de duração, tendo somente duas câmeras funcionando, foi para o hotel, afogar seus temores em vapores etílicos.

Independentemente da presença do americano, valeram a garra, competência e dedicação daqueles brasileiros, os quais, não só puseram no ar a emissora, como realizaram um belíssimo programa com a verdadeira *prata da casa*. Entre os *cameramen*, destacavam-se Walter Tasca, Álvaro Alderighe, Carlos Alberto; Zogomar Martins operou o *boom*; Gilberto Botura era o homem da iluminação; o maquinista, responsável pela montagem dos cenários, José Fortes; entre os técnicos aprendizes destacava-se Elio Tozzi (que mais tarde viria a se casar com Lucia Lambertini, a primeira e inesquecível *Emília*, do *Sítio do Pica-pau Amarelo*, imortal criação de Monteiro Lobato).

O prefixo musical de abertura, na inauguração e que acompanhou a emissora até o encerramento era um tema de Heitor Villa-Lobos, feito por um coral de índios Parecis, reunido, ensaiado e dirigido por Lucila Villa-Lobos.

Estavam presentes os apresentadores Homero Silva, Lia de Aguiar, Yara Lins; quase todo o conjunto de cantores: Wilma Bentivegna, Os 4 Amigos, entre eles Sidney de Moraes, Rosa Pardini, Osny Silva e outros; os comediantes Mazzaropi, Geny Prado e João Restiffe fizeram o quadro *Rancho Alegre*; o humorista Pagano Sobrinho; as atrizes Miriam Simone, Helenita Sanches (que mais tarde se casaria com Cassiano Gabus Mendes); o cronista esportivo Aurélio Campos; a bailarina Lia Marques dançou o balé *Romance Espanhol*, com o cantor Marcos Ayala; um pequeno teatro escrito e interpretado por Walter Forster, com Lia de Aguiar; um solo de piano com o elegante maestro Rafael Pugliese; a *Escolinha do Ciccilo*, escrita e dirigida por Paulo Leblon, com os artistas Xisto Guzzi, João Monteiro, Simplício, Lulu Benencase, Walter Avancini; a madrinha da televisão, a poetisa Rosalina Coelho Lisboa Larragoni; Maurício Loureiro Gama leu a crônica *Em Dia com a Política*; a orquestra do maestro Georges Henry e o solista Willian Fourneaud; o maestro Renato de Oliveira; enfim, estou citando meramente alguns nomes, e tenho medo de esquecer alguém, salientando que Lolita Rodrigues cantou o *Hino da Televisão*, poema de autoria de

Guilherme de Almeida com música de Marcelo Tupinambá, pois Hebe Camargo, escalada para fazê-lo, teve um compromisso inadiável e não pôde estar presente.

Houve também uma atração internacional, algo que se chamaria atualmente de *clip*, da cantora cubana Rayto de Sol (escandalosa, com as pernas à mostra) e seu bongozeiro Don Pedrito.

Por volta da meia-noite, a programação foi encerrada ao som de *Acalanto*, música de Dorival Caymmi. Nesta altura dos acontecimentos, Sonia Maria dormia o sono do dever cumprido em sua casa.

Dizem os presentes que, após o término do programa, todos, artistas, técnicos e auxiliares, fizeram um verdadeiro carnaval nos estúdios.

Brinquedo novo

Palavras de Cassiano Gabus Mendes em entrevista à revista *Propaganda*, de Armando Ferrentini, 25 depois da inauguração:

A gente abria a câmara no estúdio, punha a Hebe Camargo, o Aurélio Campos para fazer uma ceninha e ia testando, vendo como funcionava o switch, *aquelas coisas todas e também pondo nome em tudo, porque até nomenclatura faltava. Não havia ninguém para ensinar, tudo era na base da intuição. Eu definiria, assim, o começo da televisão:* Tínhamos um brinquedo novo nas mãos e fomos brincando com ele até aprender a usá-lo como devia.

Sonia na tela da TV Tupi

Hino da Televisão Tupi-Difusora
Guilherme de Almeida e Marcelo Tupinambá

Vingou como tudo vinga
No teu chão Piratininga
A cruz que Anchieta plantou
Pois, dir-se-á que ela hoje acena
Por uma altíssima antena
A cruz que Anchieta plantou
E te dá num amuleto
O vermelho, branco e preto
Das contas do teu colar
E te mostra num espelho
O preto, branco, vermelho
Das penas do teu cocar.

Inegavelmente, os primeiros anos foram marcados pelo aprendizado, constituindo-se numa descoberta diária, numa incansável improvisação ao vivo. Os atores e os técnicos não tinham a necessária formação profissional. Os recursos tecnológicos eram primários, com o equipamento mínimo e suficiente para manter a emissora no ar.

Mas mesmo assim, em janeiro de 1951, inaugurava-se a TV Tupi – Canal 6 no Rio de Janeiro; em março de 1952, a TV Paulista, Canal 5; em setembro de 1953, a TV Record – Canal 7, ambas em São Paulo.

Embora ainda longe de ter encontrado uma linguagem propriamente televisiva, naquela época, São Paulo era considerado o melhor centro produtivo, além de pioneiro.

Com reduzido horário de permanência no ar, em geral das 18h às 22h, com exceção da programação dos domingos que se iniciava às 9h e encerrava às 14h para retornar às 18h, nos primeiros tempos, a linha dos programas era bastante variada e cobria diferentes áreas de atividades. Mas os programas eram inconstantes, saindo do ar após curta duração.

Lista das emissoras da rede das Associadas pioneiras da televisão do Brasil

PRF 3 TV Tupi de São Paulo, Canal 3 – São Paulo
18/9/1950
TV Tupi – Canal 6, Rio de Janeiro – 20/1/1951
TV Itacolomy – Canal 4, Belo Horizonte
8/11/1955
TV Piratini – Canal 5, Porto Alegre – 20/12/1959
TV Rádio Clube – Canal 6, Recife – 4/6/1960
TV Brasília – Canal 6, Brasília – 20/4/1960
TV Rádio Clube – Canal 4, Goiânia – 7/9/1960
TV Itapoá – Canal 5, Salvador – 19/11/1960
TV Ceará – Canal 2, Fortaleza – 26/11/1960
TV Paraná – Canal 6, Curitiba – 19/12/1960
TV Goiânia – Canal 4, Goiânia – 5/9/1961
TV Marajoara – Canal 2, Belém – 30/9/1961
TV Vitória – Canal 6, Vitória – 16/12/1961
TV Borborema – Canal 9, Campina Grande
21/9/1963
TV Coroados – Canal 6 – Londrina – 1963

Assis Chateaubriand era fascinado pelas coisas do Brasil, sobretudo pelos índios. Em 1935, o slogan *de sua primeira estação de rádio era* Tupi – A Cacique do Ar. *Continuou batizando com nomes indígenas as demais emissoras que integravam a rede das Emissoras Associadas pelo Brasil afora.*

Dessa forma, surgiram a Rádio Tamoio, Poti, Tupã, até *o apelido geral de* Taba Associada. *Foi o responsável pela implantação da televisão em 11 dos 21 Estados brasileiros existentes na época, além da de Brasília. A Rede Tupi de Televisão era formada por estações como Piratini, Itacolomy, Marajoara, Itapoã, Tamandaré, Borborema, Anhangüera, Corumbá, Uberaba e assim por diante.*

(*Almanaque da TV – 50 Anos de Memória e Informação,* por Rixa)

Sonia Maria participou do programa, no momento da apresentação do grupo, representando o *Clube Papai Noel* declamando uma poesia de Lulu Benencase, *O Bêbado.* Para interpretar esse número, vestia-se como um menino, dando maior força à personagem, algumas crianças cantaram acompanhadas ao piano por Francisco Dorce.

Mas o tempo foi correndo, o programa, marcado para entrar às 21h, começou com atraso de quase uma hora, os artistas foram-se apresentando, conforme o roteiro, tudo corria bem; lá pelas 22h30, seu pai ainda tinha que acompanhar ao piano o número de Rosa Pardini. A menina, cansada, não teve dúvida, encontrou um praticável desimpedido atrás do grande cenário, criado por Carlos Jacchieri, auxiliado por Ruben Barra, e tirou um cochilo. O Chico Dorce, acabada a audição, veio em seu auxílio e tomaram o rumo de sua casa, deixando para trás a grande festa de comemoração, que se realizou no Jóquei Clube Paulista, seguido de um jantar de gala na *Cantina do Romeu* para os funcionários.

Houve algum folclore a respeito das celebrações: conta-se uma estória que Chateaubriand, num ato arrojado, teria espatifado uma garrafa de champanhe em uma das câmeras de TV, danificando-a. Pura fantasia, não se imagine que um homem sagaz, que enfrentou tantas dificuldades e problemas para tornar realidade um feito daquela natureza, iria cometer tamanho desatino. Nos estúdios, figuras ilustres da sociedade paulistana: o Governador do Estado, Sr. Lucas Nogueira Garcez, diretores dos Diários Associados, entres eles Edmundo Monteiro, Rui Aranha, o bispo auxiliar de São Paulo, Dom Paulo Rolim Loureiro. A verdade é que o bispo abençoou a casa, aspergindo água benta no equipamento, todavia sem causar dano algum.

No meio de seu discurso, dizem ter Chateuabriand proferido essas palavras: *Vamos saudar a inauguração do mais subversivo instrumento da comunicação deste século.* (Seria um dito jocoso ou profético?)

Estava oficialmente inaugurada a televisão do Brasil - PRF 3 TV Tupi-Difusora, Canal 3 – a pioneira da América do Sul, a quarta televisão do mundo, na cidade de São Paulo, graças à determinação de um homem que se recusava a aceitar um *não* como resposta, o valente e indomável Assis Chateaubriand, que teve o respaldo de bravos companheiros, dispostos a enfrentar o desafio e a superá-lo.

Francisco de Assis Chateaubriand Bandeira de Mello, seu nome completo. Para os mais íntimos *Chatô*. Seus empregados e seguidores mais próximos o chamavam de Dr. Assis ou Dr. Chateaubriand. Mas, popularmente, era conhecido como Assis Chateaubriand, pois assim assinava seus artigos diários, também cognominado *O Velho Capitão*. Nasceu em Umbuzeiro, Estado da Paraíba, filho de Francisco Chateaubriand Bandeira de Melo, em 5 de outubro de 1892 e faleceu em São Paulo em 4 de abril de 1968.

Chatô pontificou no jornalismo brasileiro como uma estrela de primeira grandeza, falando por si não somente o seu valor literário, que o levou à Academia Brasileira de Letras, mas também o mundo jornalístico por ele criado, fazendo funcionar dezenas de jornais, rádios e emissoras de televisão por todo o território nacional sob a denominação de *Diários e Emissoras Associados*, num trabalho, à época, de bandeirantismo e integração nacional.

Não se pode negar que a televisão inaugurada em 1950 transmitia programas variados, alguns considerados elitistas, em virtude do seu público telespectador, pois em decorrência dos altos preços dos aparelhos, comprados somente pelas pessoas de alto poder aquisitivo, desconhecia-se ainda, a força de comunicação popular do novo veículo.

Dentre os gêneros encarados com seriedade, o teleteatro, o jornalismo e a novela tiveram permanência mais duradoura. Importantes obras nacionais e estrangeiras eram exibidas com excelentes níveis de adaptação e interpretação. Os cenários, apesar dos poucos recursos, eram extremamente criativos, e os adereços, complementados pelos atores.

O telejornalismo, outro gênero constante, era todo ele lido pelos apresentadores, as filmagens nos locais dos acontecimentos vieram aos poucos, as externas eram complicadas e custosas, requerendo um equipamento especial, além de pessoal qualificado.

As telenovelas apesar de constantes na programação, desde 1951, não tinham a duração das atuais nem eram exibidas diariamente. As mais significativas foram as novelas infanto-juvenis, com bom nível de encenação e intenção educativa. No geral eram levadas ao ar duas vezes por semana.

Entre muitos erros e representativos acertos, os conhecimentos técnicos foram se aprimorando, os profissionais sendo diplomados pela prática. Em meados da década de 50, o veículo iniciou sua imposição como meio de comunicação, definindo seus caminhos, dando sinais de sua permanência. No dizer do saudoso Luiz Gallon, pioneiro e talentoso na direção de TV: *Éramos poucos, mas tão unidos que parecíamos um só.*

Começaram a aparecer as primeiras publicações especializadas em divulgar a programação e novidades sobre os artistas, consumidas avidamente pelas pessoas, sobretudo por aquelas que não possuíam aparelho televisor.

As fontes de informação, mesmo precárias, acabavam produzindo certo efeito e todos ficavam sabendo o que estava acontecendo nas emissoras e nas vidas dos artistas de rádio e agora também na televisão. As falsas informações pululavam, guardadas as devidas proporções, como hoje em dia.

A televisão proporcionava farta matéria para a mídia impressa. Nos primeiros tempos, quem fornecia a programação diária da televisão era o jornal *O Diário de São Paulo*, do próprio grupo Associado. Logo depois surgiria a revista *Sete Dias na TV*, lançada por Roberto de Almeida Rodrigues, tendo sido a primeira revista especializada nesse novo veículo, resistindo por mais de 15 anos.

Depois vieram outras com boa tiragem, entre elas, *São Paulo na TV*. A então já famosa *Revista do Rádio* não perdeu tempo, e ampliou seu título para *Revista do Rádio e da Televisão*, para que seus leitores não migrassem para outras publicações.

Sonia e Homero Silva em cena de Gurilândia

Capítulo IV
O Dia Seguinte e os Outros Dias

Não espere a sede para cavar o poço.

provérbio árabe

Passado o rebuliço do primeiro dia, eis-nos diante da realidade de dar continuidade à programação.

É bem verdade, como salientado, essa não era, nem de leve a preocupação da nossa heroína, mas o caso é que a televisão fora inaugurada numa segunda-feira, e em verdade o único programa que estava pronto para ser apresentado era o *Clube Papai Noel*, que por sugestão do próprio Homero Silva, na telinha passara a se chamar *Gurilândia*, e assim foi feito. No domingo seguinte à inauguração, as crianças a postos, compenetradas, desempenhando suas funções, e nesse primeiro programa lá estava Sonia Maria declamando a poesia de Jorge de Lima, *Nega Fulô*. E continuou apresentando-se regularmente.

Fora da TV era convidada, com muita freqüência, para fazer shows em clubes, cinemas, teatros, hospitais e casas de saúde, orfanatos e asilos de velhos, e onde mais houvesse um espetáculo e público ávido para assisti-lo.

Ao menos uma vez por mês, fazia shows gratuitos, nos quais cantava, declamava, contava pequenas estórias para as crianças e adultos do Hospital das

Clínicas, no Leprosário Santo Ângelo, no Hospital do Câncer, pois era membro honorário do *Clube do Siri*, da saudosa D. Carmen Prudente.

Os médicos comentavam sempre que, após esses espetáculos, havia uma significativa melhora do estado geral dos pacientes. A menina cumpria bravamente essa longa jornada, e seu pai, crendo que esse era um dom da criança jamais cobrou um centavo por qualquer dessas apresentações. Esse era o espetáculo que todos queriam sempre, e com ela iam também algumas crianças do *Clube Papai Noel*, o professor Dorce, certamente, e os membros de sua família, mãe e irmã e às vezes até a prima Sheila, que sempre esteve muito perto das duas meninas.

Sua irmã Márcia, mais nova e ainda bem pequenina, certa feita reclamando desses longos e às vezes, inconvenientes expedientes, confessou a Ana Maria Neuman, na época jovem garota-propaganda, novata na carreira: *Eu não quero seguir a* carteira *artística, é muito chato!*

Iniciava-se o ano de 1951, e foi nessa época que a pequena começou a perceber que na folhinha os números mudavam, e com ele os dias, os meses e o ano. Parece que a partir dessa descoberta, os anos começaram a correr vertiginosamente e não pararam mais.

Nessa ocasião, a popularidade de Sonia Maria começava a crescer em face de suas apresentações nos programas infantis. Sua graça e espontanei-

Em Gurilândia, *com Homero Silva, Célia Silva, Florinha e Décio Zilberkan (ao fundo), no quadro* Sala de Visitas

dade conquistavam a todos; semanalmente recebia muitas cartas, com perguntas sobre sua vida pessoal, sua carreira e com pedidos de fotos.

O número de televisores ainda era pequeno em São Paulo, porque custavam caríssimo, algo em torno de U$ 5000.00 (cinco mil dólares) e ainda não havia as facilidades do crediário, e depois porque o número de aparelhos disponíveis para venda era pequeno, eles ainda eram importados.

Foi só a partir de 1952 ou 53, que começaram a chegar, de fato, os aparelhos para o grande público, com preços mais acessíveis, e, logo depois, iniciou-se a fabricação dos primeiros aparelhos nacionais, pela marca *Invictus*, de propriedade de Bernardo Kojubej, cuja filha Raquel veio a estudar, em 1957, com nossa menina no Colégio Rio Branco.

É importante ressaltar que a televisão brasileira foi feita por profissionais vindos quase todos do rádio, sem nenhuma experiência nesse veículo de comunicação; assim, conclui-se que não se imitou ninguém, contrariando a máxima do imortal Chacrinha: *Em televisão, nada se cria, tudo se copia.* Naquela época, era exatamente o contrário, tudo era criado, original, de primeira e, diga-se, já se faziam programas com elevada qualidade artística, realizando um trabalho de grande valor cultural. Vivia-se num mundo maravilhoso, onde não havia preocupação comercial ou mesmo com a audiência. Era quase no estilo *Ars pro Artia (A arte pela arte)*

Por conta da escassez de aparelhos de televisão, criou-se uma figura esdrúxula e sem parâmetros anteriores: *o televizinho*. Os vizinhos mais amigos, e às vezes, os nem tanto, interessados em assistir àquele fenômeno com sons e imagens dentro de casa, eram convidados ou mesmo tomavam a iniciativa, e chegavam na hora de determinados programas, partindo logo que acabasse. Os mais íntimos ficavam até o fim da programação, o que acontecia por volta das 22h; ainda não havia programação vespertina ou matinal, com exceção do domingo. Praticamente estava encerrado o chá da tarde, ou pelo menos seriamente comprometido; o chá, cafezinho, os bolos e bolinhos foram transferidos para os horários dos programas. Na casa da Rua Borba Gato estavam, espalhadas pela sala de visitas inúmeras cadeiras extras, destinadas aos *televizinhos*, e certamente a freqüência aumentava quando Sonia Maria aparecia na telinha, para orgulho de sua avó.

Por ocasião do fim do ano, o programa *Clube Papai Noel* realizava uma grande festa de encerramento, geralmente no Teatro Municipal de São Paulo, com um show de uma hora e meia de duração cuja apresentação era feita por Homero Silva e a condução por Sonia Maria Dorce. A temporada durava 3 dias, de quinta a sábado, na primeira semana de dezembro.

Dessa audição especial, além de astros da TV Tupi e das crianças participantes do programa, também eram convidadas artistas mirins de outras cidades e Estados, que participavam de semelhantes programas infantis e, assim, mobilizavam-se toda a garotada além dos mais expressivos cantores nacionais.

Vinham crianças de muitos lugares; em contrapartida, em épocas especiais, eram nossas crianças que os visitavam. Os ingressos para os espetáculos eram vendidos e muito disputados, sendo a renda revertida em prol da Campanha do Natal das Crianças Pobres.

Essas apresentações foram realizadas entre os anos de 1950 e 1957. Quando não havia agenda no Teatro Municipal, o show era transferido para o Teatro Santana ou Teatro Colombo.

Era uma glória essas apresentações, a casa cheia, as crianças vibrando, e o público deliciando-se com o bom espetáculo apresentado.

Por conta dessas apresentações, em 1952, foi oferecida para Sonia e sua irmã Márcia, pela Professora Diva Leite Chaves de Faria e seu marido, Sr. Carlos Coelho de Faria, proprietários do Externato Meira, situado na rua Padre João Manuel, nos Jardins, uma bolsa de estudos completa. Também foram estudar no colégio os filhos de Homero, Célia e Homerinho.

O colégio era lindo, cheio de árvores, com muitos brinquedos, até o ônibus escolar ia buscar as irmãs. Mas como as irmãs moravam longe, eram as primeiras a entrar no ônibus escolar e as últimas a serem entregues. Às vezes, as meninas chegavam dormindo, tão longo era o percurso; outras vezes, esse expediente atrasava seu horário de ensaio nas novelas; enfim não foi uma boa experiência para a família, e, sendo assim, seu pai, no final do ano, resolveu, depois de confabular com a mulher, tirar as meninas do colégio, e assim foram as duas matriculadas no Grupo Escolar Alfredo Bresser, que acabava de ser reinaugurado, bem perto de sua casa, onde elas nem sequer precisavam de condução, e onde completaram o curso primário. Sonia Maria, depois iria estudar no Colégio Rio Branco, onde faria o curso ginasial e clássico, seguindo direto para a Faculdade de Direito do Largo de São Francisco – USP.

Túlio de Lemos, um notável autor de programas para o rádio, que mais tarde viria consagrar-se como redator responsável pelo famoso programa *O Céu é o Limite*, apresentado inicialmente por Aurélio Campos, o criador da expressão *Absolutamente Certo!*, aproveitando o carisma da menina, sugeriu a criação de um seriado, em 1951, que se chamaria *De Mãos Dadas*, com Heitor de Andrade e Sonia Maria Dorce. Era o relato de aventuras e desventuras de um pai viúvo e de sua filhinha. O mote do programa era a imagem das mãos dadas dos atores principais, simbolizando a amizade e carinho entre os personagens, pai e filha. Foi ao ar, pela primeira vez, no mês de março de 1951.

Este programa era inicialmente, patrocinado pela RCA Victor, e Sonia Maria acabou ganhando seu segundo aparelho de televisor, que foi para a casa de sua tia Laura, irmã de sua mãe.

O sucesso foi grande, ela começou a ser chamada de garota-prodígio, pois ela era muito desinibida, falava sobre diversos assuntos, emocionava-se de verdade, chorava nas cenas mais tristes, sem usar nenhum recurso artificial, além de declamar poesias quilométricas.

Começaram também as comparações com Shirley Temple, atriz americana que fizera um estrondoso sucesso, nas décadas de 30 e 40, nos Estados Unidos. A comparação poderia ser feita, mas a intenção de imitá-la, jamais, pois a pequena Sonia Maria jamais assistira a um só filme da artista americana que a precedeu em fama e desempenho.

As diferenças eram imensas, a atriz americana era bem empresariada, tinha um esquema publicitário grande à sua volta, foi devidamente *comercializada* pela indústria do cinema. Ganhou além de muito prestígio, dinheiro.

A atriz brasileira ficou só com o carinho de seus fãs. E como a glória é efêmera e de curta duração, hoje convive com o carinho de amigos e familiares. E isso lhe basta, sem nenhum ressentimento. Para falar a verdade, o dinheiro nunca lhe fez falta, ela teve todas as coisas que seu dinheiro pode comprar e mais, teve todas as outras que seu coração pode sonhar. Isto é ser verdadeiramente rica.

Sonia e Heitor de Andrade, ensaiando De Mãos Dadas

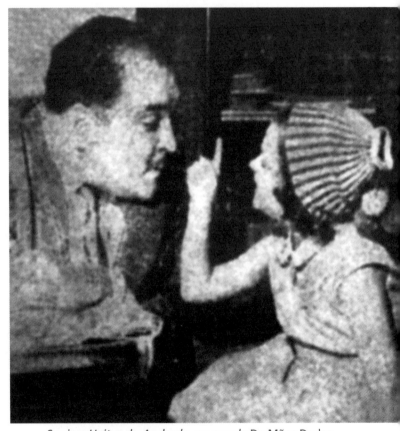
Sonia e Heitor de Andrade, na novela De Mãos Dadas

Naquele tempo, não havia possibilidade de treinar uma criança para falas arranjadas em entrevistas e aparições públicas. Tudo era feito ao vivo, quase sem ensaio ou preparação elaborada, e as respostas eram espontâneas e por vezes embaraçosas também.

Muitas pessoas pensavam ser ela órfã por conta da declamação emocionada do poema *Recordação*, quando as lágrimas afloravam com facilidade, e agora, com o advento da série em que interpretava novamente uma menina órfã de mãe, os fãs tiveram a confirmação do fato. A eterna confusão entre *persona* e personagem.

Cartas chegavam aos montes, com oferecimento de adoção para a pequena, ao que todos em casa riam, pois D. Mariquinha, felizmente, estava bem saudável, à frente da orientação e educação de sua primogênita.

Os programas de que participava, em sua grande maioria, eram dirigidos ao público adulto. Tratavam, quase sempre, de dramas familiares, com um fundo de moral ou educativo e a participação da menina transforma-se no ponto central da trama.

O elenco da TV Tupi era de alta qualidade técnica e artística, atores experientes, quase todos advindos do rádio, mas o elenco não era muito numeroso. Não havia tantas *caras novas*, como atualmente. São tantos os atores e atrizes que nem dá para decorar-lhes os nomes, e logo em seguida começa outra novela, sobrepujando-se à anterior, e o telespectador fica perdido na profusão de nomes e personagens e tramas.

No início da era da televisão, justamente por falta de pessoal, os artistas se revezavam nos mais diversos papéis, nas telenovelas, grandes teatros e também fazendo as vezes de apresentadores. O mesmo acontecia com a Sonia Maria, sendo a única menina no elenco da TV Tupi, oficialmente contratada, praticamente não saía do vídeo. Faziam até piada, dizendo que a menina aparecia mais que o indiozinho, símbolo da TV Tupi. Foi filha, irmã mais nova, neta, sobrinha de praticamente todo elenco da Tupi. Os programas de que participava, quase sempre, tinham essa apresentação:

PRF 3 - TV Tupi Apresenta
Sonia Maria Dorce em...

Por não saber ler direito, uma vez que estava começando a cursar o primeiro ano primário e conseguindo somente soletrar as sílabas, seu pai e sua mãe respondiam às cartas, decifravam-lhe os textos. Geralmente, os programas tinham entre meia e uma hora de duração e poucos personagens, as suas falas eram muitas, mas por conta da sua boa memória e de seus poucos anos, as coisas fluíam facilmente. Pai e mãe de artista sofrem, ao que sua irmã Márcia completaria: *irmã também.*

O seriado *De Mãos Dadas* ia ao ar às 20h, às terças e quintas-feiras e os *scripts* saíam sempre uns dois dias antes. Era só o tempo de pegar o texto e ir correndo para casa decorar. A pequena tinha sempre as falas na ponta da língua e desempenhava com tanta naturalidade que o diretor de cena, muitas vezes o próprio Cassiano, quase nenhum retoque fazia, apenas apontava-lhe a marcação. Os mais velhos tinham enorme dificuldade para decorar, pois vindos do rádio, ainda não haviam se habituado com essa nova modalidade. Muitas vezes, Sonia, percebendo que seu parceiro esquecera a *fala*, dizia para o ator ou atriz o que ele/ela deveria falar, salvando muitas vezes a cena no ar, pois tudo era ao vivo.

Certa feita, seu pai pegou o *script* e levou para casa para ensinar a pequena a decorar. Às 15h era o ensaio, e o programa seria transmitido às 20h do mesmo dia.

Quando começaram os ensaios, Sonia percebeu que estava com o texto errado, seu pai pegara o capítulo da semana seguinte. *Pânico!!* A garota tinha uma grande participação, e a questão era: daria tempo para decorar as falas?

Felizmente deu tempo, graças à perícia de seus pais e a dedicação da pequena. Às 20h o programa entrou no ar e todo o texto foi cumprido. Coisas da TV ao vivo!

Sonia continuou fazendo programa na rádio também. O *Encontro das Cinco e Meia* era um programa tradicional na Rádio Tupi e em cada dia uma dupla de atores reunia-se para suas aventuras radiofônicas.

Quintas-feiras eram o dia do encontro de Sonia Maria com seu *pai radiofônico,* Amaral Novaes, que era o autor e diretor do programa. No rádio, toda a programação era lida, como estava iniciando seu alfabetizado, decorava suas falas, pois seria impossível ler o *script*.

Sonia adorava fazer rádio, continuou nessa atividade, independentemente de sua atuação na televisão. Fazia muita coisa, novelas, programas interativos, de conselhos amorosos e de variedades, e também declamava poesias. Muitos de seus colegas de faculdade iam até o Sumaré assistir a esses programas de rádio, e era uma diversão acompanhar seu desenrolar, as seqüências com o contra-regra e tudo mais.

Muito precários, ou propriamente inexistentes, o guarda-roupas e decoração dos cenários. As roupas usadas em cena eram dos próprios artistas, e quando se precisava de algum elemento decorativo especial para complementar o cenário, os artistas traziam de suas casas. Só bem mais tarde, tivemos o *Seu* Henrique Canales, irmão do Walter Stuart, para cuidar da contra-regra.

Durante todo o ano de 1951, empenhou-se nas apresentações do seriado *De Mãos Dadas – 1ª Fase*.

Um dia, em meados de 1951, seu pai foi chamado ao Departamento do Pessoal da empresa e disseram que ele precisaria providenciar alguns documentos para a formalização de seu contrato profissional. Iam ficando para trás os tempos de amadorismo.

A emissora pedira carteira profissional de menor, para a assinatura do contrato de trabalho, documento impossível de ser obtido, uma vez que a legislação não permitia que menores de 12 anos trabalhassem.

A solução foi recorrer-se a um alvará especial, concedido anualmente pelo juizado de menores.

Para obtê-lo era necessário ir à Rua Asdrubal do Nascimento, no centro da cidade, onde se localizava a sede do Juizado de Menores, pois o juiz de menores da época exigia sua presença. Na verdade, ele era seu fã e essa seria uma oportunidade de vê-la declamando especialmente para ele e para seus funcionários. Esta prática foi mantida até Sonia Maria completar 14 anos e obter sua carteira profissional de menor; foram muitas as tardes lá no Juizado de Menores, mas também muitos amigos foram feitos.

A concessão dos alvarás anuais tornava-se uma festa, pois ao final sempre alguém servia docinhos, salgadinhos e refrigerantes.

Foi então que, com sete anos de idade, a pequena tornou-se profissional, ganhando Cr$ 500,00 (quinhentos cruzeiros) por mês, que mal pagavam as vacinas antialérgicas importadas, que eram aplicadas pelo Dr. Varoli, para o tratamento antiasmático (no final das contas, elas nem fizeram tanto efeito, pois a asma perdura até os dias de hoje. Dra. Cássia, sua médica pneumologista, que o diga!).

As irmãs Dorce: Márcia e Sonia

Mas, de qualquer forma, era uma ajuda, e serviriam para mais tarde, custear-lhe os estudos e comprar alguns alfinetes.

À medida que ficava mais conhecida, apareciam pessoas interessadas em dar-lhe presentes, oferecer um mimo de qualquer natureza, doces, fotos, imagens de santos, amuletos, flores, bichinhos de pelúcia, fotos, roupas, sapatos, enfim coisas interessantes e outras inusitadas, que acabavam por abarrotar o quarto que Sonia dividia com a irmã.

No início da televisão, uma dupla de comediantes fazia grande sucesso – Fuzarca e Torresmo. Foram os primeiros palhaços a se apresentarem na telinha, com seu humor saudável e brincadeiras inocentes, que tinham participação fixa e predominante no programa *Gurilândia*, levando encantamento e diversão para as crianças com seu humor ingênuo e sadio.

A dupla foi vista atuando no Teatro Odeon, por Humberto Simões, que a recomendou ao Cassiano Gabus Mendes. Fizeram enorme sucesso e conseguiram, tempos depois, um programa próprio, *As Aventuras de Fuzarca e Torresmo*. Nele, também, atuava o filho do Torresmo, ainda bem jovem como o palhaço Pururuca. O programa teve 14 anos de duração.

Torresmo cujo nome real era Brasil José Carlos Queirollo, faleceu aos 78 anos, no dia 19 de

Sonia participando de As Aventuras de Fuzarca e Torresmo

agosto de 1996. Torresmo vinha de uma de tradicional família circense; seu pai fora o famoso palhaço Chicharron, que encantou as platéias infantis pelo mundo afora.

Albano Pereira, o Fuzarca, vez ou outra representava em novelas e espetáculos para o público adulto e, estranhamente, interpretava papéis de vilão, mal-encarado; ele, que caracterizado de seu personagem infantil era adorado pelas crianças.

A dupla também realizava inúmeros shows fora da TV, tendo iniciado o hábito tão comum hoje em dia de animar festas infantis, nas quais aí toda a família participava, mulher e filhos.

Outra dupla de palhaços que, mais tarde, também agradaria muito às crianças era Arrelia e Pimentinha, tio e sobrinho; Waldemar e Walter Seyssel, se apresentavam no Canal 7, TV Record, por volta de 1954/55, em programa próprio, o *Circo do Arrelia*.

Arrelia, antes de começar seu esquete, fazia uma pantomima com a bengala que o caracterizava, assim como o diálogo que se repetia:

Como vai, como vai, como vai? Como vai como vai, vai, vai.

Eu vou bem, respondia Pimentinha.

Muito bem, muito bem, muito bem. Muito bem, muito bem, bem, bem.

Todas as crianças presentes participam aos gritos desse repetido e divertido cumprimento.

O que caracterizava o humor dos anos 50 e início dos 60 na TV eram a ingenuidade e brejeirice.

Os humoristas, em geral, e os palhaços em especial, dirigiam seus textos, quase que, exclusivamente, para as crianças, e o próprio público adulto não aceitava piadas picantes ou gestos indecorosos na televisão, nem mesmo insinuações maliciosas ou vestidos curtos demais, transparentes e estimulantes, como hoje em dia.

Essa também era a linha de conduta norteadora dos programas humorísticos, o que traz à mente com clareza dois programas: a *Escolinha do Ciccillo*, na TV Tupi, canal 3, e a *Praça da Alegria*, no início da TV Paulista, canal 5, comandado por Manoel de Nóbrega, pai de Carlos Alberto. Durante muitos anos, manteve-se no ar, sempre nos mesmos moldes, com os passantes da praça, contando sua proezas, de maneira inocente e jocosa, que fazia a delícia das noites paulistas.

Os prêmios

No início do ano de 1952, chegou ao solar dos Dorce uma carta da ABEARRE (era a Associação que concedia o mais categorizado prêmio do rádio e da televisão), informando que Sonia Maria fora agraciada com o prêmio Roquette Pinto como Revelação Feminina, e que haveria uma grande festa no Teatro Cultura Artística para a entrega, no começo do ano seguinte.

Roquette Pinto (nascido no Rio de Janeiro em 25 de setembro de 1884, faleceu em 1954) foi importante homem público, antropólogo e explorador intrépido, ao lado de Cândido Rondon teve grande atuação em prol dos índios do Brasil e na fundação de Rondônia. Foi praticamente o fundador do rádio brasileiro, realizando em abril de 1923, somente três anos depois da criação do rádio nos Estados Unidos, a primeira transmissão especial de rádio – fundando a *Rádio Sociedade do Rio de Janeiro PR1 – A*. No dia 1° de maio do mesmo ano, fez a primeira transmissão experimental na Praia Vermelha, no Rio de Janeiro. No início do governo do presidente Arthur Bernardes, graças a seus esforços, viu sair a autorização para irradiações no Brasil, desde que para fins educativos. Criou o lema: *O Rádio é a escola dos que não têm escola, é o jornal dos que não sabem ler, é o mestre dos que não podem ir à escola, é o divertimento gratuito do povo.*

O pai de Sonia não cabia em si de contentamento, pois esse era o mais prestigioso e cobiçado prêmio outorgado aos artistas de Rádio e agora também de TV, e sua filhinha estava entre os contemplados. A menina logo foi informada: *Soninha, você vai ganhar o papagaio!* Era, assim, que carinhosamente as pessoas apelidavam o prêmio, pois representava a figura de um papagaio em frente a um microfone.

A notícia deixou-a extremamente alegre, pois por causa de seu problema alérgico jamais pudera ter em casa nenhum animal de estimação. Mas aquele caso era diferente, tratava-se de um prêmio e sua mãe não poderia recusar abrigo ao bichinho.

Os agraciados com o prêmio foram convidados para um almoço de confraternização no *Restaurante Itamaraty*, no Largo de São Francisco, próximo à Rádio Record, cujo endereço era Rua Quintino Bocaiúva.

Quem recepcionava era o querido e saudoso Blota Júnior, coordenador e mestre de cerimônias do prêmio, naquela ocasião. Em meio à festança, perguntou à Sonia como se sentia pelo fato de ser a primeira criança a receber o prêmio. Ao que ela prontamente respondeu: *Estou muito contente, mas o único problema é que tenho receio que minha mãe não me deixe ficar com o bichinho, e além de tudo não sei como cuidar de um papagaio, nem sei o que ele come!*, crente estava que receberia um papagaio de verdade. Os presentes riram muito da inocência da criança, mas tiveram de comunicar-lhe que não se tratava de um papagaio de verdade, mas de um troféu feito de bronze e latão, representando um papagaio.

Um pouco decepcionada, ela agradeceu a honraria, pois se tanta gente muito mais importante e famosa do que ela estava presente e tão alegre por causa do prêmio, devia ser uma coisa boa, e ficaria muito deselegante mostrar seu desapontamento.

Chegou, finalmente, o dia da entrega dos prêmios. Sonia Maria estava *divina* com um vestido cor-de-rosa, de tule e rendas, especialmente confeccionado pela Casa Clô para a ocasião, cabelo cacheado, sapato novo, e *improviso* de agradecimento decorado, previamente preparado por seu pai.

A festa estava esplendorosa, como num conto de fadas, afinal corriam os maravilhosos e fulgurantes anos 50, e para as festas de gala, era exigido traje social completo. Toda a sociedade paulistana e pessoas do meio artístico e cultural estavam presentes.

Os artistas homenageados, na segunda parte do espetáculo, costumavam fazer um número especial, Sonia Maria faria uma pequena representação, com um texto chamado *Vitrine de Brinquedos*, escrito e dirigido por Ribeiro Filho, seria a boneca e Erlon Chaves o palhacinho de brinquedo.

A entrega dos prêmios foi no Teatro Cultura Artística, que naquela ocasião, era muito grande e estava lotado. A festa foi irradiada somente pela Rádio Record e Emissoras Unidas, da família Paulo Machado de Carvalho. Por ser um evento daquela empresa, a TV Tupi não transmitira a programação, apesar de muitos dos artistas de seu elenco serem agraciados com o prêmio. Assim, a televisão não transmitiu esse feito, pois somente em setembro de 1953 a Rede Record iria inaugurar suas atividades.

Para ela, aquela festa fora a maior e mais bonita que tinha presenciado. Todas aquelas flores, as luzes, a música, aquelas pessoas tão bonitas, perfumadas e bem-vestidas, os repórteres querendo saber como ela estava, tirando fotos, eram demais para um pequenino coração. Todos a postos na coxia, e seu nome foi chamado por Blota Júnior, elegantíssimo em *black-tie*, acompanhado por sua não menos elegante mulher Sonia Ribeiro.

Entrou no palco, sendo muito aplaudida, pois era a maior novidade conceder-se um prêmio daquele porte para uma criança, jamais acontecera antes. Havia algo mais inusitado em cena: ao lado do apresentador, que segurava o prêmio, estava uma imensa gaiola com um lindo papagaio verde, com um grande cartaz: *Soninha este já foi batizado, chama-se Roque.* Estavam lá para ajudar a entregar os prêmios, Blota Júnior e Sonia Ribeiro, Armando Rosas e Vicente Leporace.

A imprensa fartou-se de noticiar esse presente. E o bichinho viveu muitos anos na casa dos Dorce, sempre cuidado pela avó Carmen, pois apesar de chamar a menina o dia inteiro, ninguém podia chegar perto da gaiola, tão arisco ele era.

Com o papagaio Roque

PRF 3 TV

Sonia Maria Dorce, a garotinha colosso da TV Tupi, foi contemplada com o Roquette Pinto 1952, como a revelação feminina do ano. Tivemos a ocasião de ouvir a cerimônia de entrega do prêmio que lhe coube, e ficamos verdadeiramente emocionados com os aplausos de todos quantos lá estiveram para receber os prêmios. Além do papagaio de bronze, a Soninha recebeu da ABEARRE, um papagaio de verdade que lhe foi entregue por Blota Júnior e Armando Rosas. O Papagaio foi batizado de Roque.

(Mauro Pires, *Folha da Noite*)

E foram todos para casa, a família aumentada de um personagem – o pequeno Roque, e também o prêmio, que até hoje ocupa lugar de destaque na estante de livros. A esta honraria seguiram-se muitas outras, também diplomas, medalhas como *Os Melhores do Ano*, em 1955, prêmio concedido pela *Gazeta Esportiva*; *Os Melhores da TV*, em 1956, prêmio do jornal *Última Hora*, em reconhecimento ao seu talento e trabalho; ainda, no ano de 1955, outro *Roquette Pinto* como melhor atriz infantil, prêmio especialmente instituído para ela e jamais tendo sido concedido a outra criança.

Capítulo V
Do Ziguezague para a Tela

Desceu correndo as letras do alfabeto e chegou ao princípio do mundo.

Paulo Bonfim

No final de 1951, Francisco Ricci, um apaixonado por cinema, que há muito sonhava em realizar um longa-metragem, associou-se ao fotógrafo José Pinto Filho e puseram-se a trabalhar no argumento e na captação de recursos para concretizar o projeto. Convidaram Sonia Maria para estrelar o filme cujo título seria *A Queridinha do Meu Bairro*.

O filme foi rodado com poucos recursos técnicos e financeiros; os atores, amadores em sua maioria, mas contava com a força do nome de alguns pioneiros do rádio e da TV, como Rosa Maria, a primeira garota propaganda, que na película era par romântico de Roberto Oropallo, um jovem muito *boa-pinta*, para se usar uma expressão da época, que por coincidência, era seu irmão na vida real (hoje ele é um dos proprietários da *Casa da Fazenda*, no Morumbi, e continua amigo da família), além de Maria Estela Barros, veterana no rádio, entre outros.

Havia algumas cenas no filme que não agradavam à menina, muitas vezes tentava rever os diálogos, observando que as pessoas não

Em cena do filme A Queridinha do Meu Bairro

falavam daquele jeito, chegando até a ensinar as inflexões (ela era muito *metidinha*). Algumas vezes, teimava em mudar as cenas, os diálogos e as marcações, e o mais estranho é que na maioria dos casos, ela estava certa, pois acabavam se rendendo a todos aqueles *palpites* impositivos.

No entanto, o produto final parece ter agradado ao grande público, que acorreu solícito aos cinemas da capital e de outras cidades do Brasil, como Rio de Janeiro, Santos, Campinas, Sorocaba, Jundiaí, Curitiba e Belo Horizonte, para onde Sonia Maria foi obrigada a se locomover para promover o filme e estar mais perto de seus fãs.

Essas viagens eram um verdadeiro acontecimento na família. Iam todos, o casal e as duas filhas. Viagens de avião, hospedagens em hotéis maravilhosos, restaurantes de luxo, todas as mordomias de uma grande estrela.

Nessas ocasiões, prevalecia sempre o espírito infantil e as duas irmãs procuravam divertir-se ao máximo, esquecendo-se que tudo aquilo era um trabalho e não uma grande farra.

As crianças de outras cidades e mesmo de outros Estados jamais tinham visto a pequena na TV, pois as transmissões eram restritas à capital, mas por força da publicidade iam aos cinemas para conhecer de perto o novo ídolo mirim que surgia.

Até mesmo os políticos reivindicavam sua presença, assim, nas viagens às cidades, era preciso cum-

prir uma série de formalidades e visitas oficiais Eram inúmeras audiências em câmaras de vereadores, prefeituras e até palácios do governo.

Na volta dessas viagens, ficava enriquecido o arsenal de brinquedos e suvenires ofertados pelos fãs, que eram guardados com distinção. Não se ganhava dinheiro, mas recebia-se muito carinho.

Certa feita, encontrando-se com Silvio de Abreu, na noite de lançamento do livro do Boni, *50 por 50*, celebrando os 50 anos da TV, nos salões do Jóquei Clube Paulista, este lhe confessou que chegou a pensar em lançar uma série para TV Globo chamada *A Queridinha do Meu Bairro*, uma paródia do filme, tendo Cláudia Raia como estrela, mas em seguida a artista engravidou e o projeto foi esquecido.

O filme fez uma carreira considerável para a época, pois ficou mais de três meses em cartaz, na capital, inicialmente no Cine Art Palácio, tendo estreado no dia 20 de dezembro de 1953, seguindo carreira no antigo Cine Bandeirantes, no Largo do Paiçandu, e depois nos bairros e em outras cidades. Institui-se a prática da menina se apresentar ao vivo antes de algumas sessões. Quem fazia a apresentação da garota antes da exibição do filme era a atriz Vera Nunes, depois todos iam ao *Restaurante Papai*, na Av. São João.

E o apelido pegou. Sonia passou a ser tratada pela imprensa como *Queridinha*. Esse apelido nunca foi de seu agrado, mas assina as cartas e bilhetes para suas filhas com MQ - Mãezinha Queridinha.

Em cena do filme A Queridinha do Meu Bairro

O enredo do filme tratava de uma criança, filha de mãe solteira, uma moça de família muito rica, que não poderia suportar escândalo dessa natureza. A moça, por imposição de seus pais, foi obrigada a deixar a criança em um matagal para ser encontrada e criada por outra família. Quem achou a criança foi um senhor solteirão, que criou a menina como se fosse sua filha e ela, muito boa e dengosa, por seus atos e obras, tornou-se a *queridinha do bairro*. O tema é singelo, bem a gosto das crianças de então. Não vou contar toda a história para não tirar o sabor do mistério, caso alguém tenha a chance de vê-lo.

A título de informação, o Museu da Imagem e do Som de São Paulo tem uma cópia do filme, em péssimo estado de conservação, infelizmente. Quem conseguiu para a família uma cópia incompleta do filme foi Primo Carbonari, que possui um acervo maravilhoso, que mereceria mais atenção dos órgãos especializados.

Sem recursos financeiros e sem patrocínio, o filme demorou mais de ano para ser rodado e um tempo imenso para ser editado, musicado, dublado, enfim terminado. Mas quando o filme foi lançado, a garota estranhou ver sua cara na telona. Sua família, é claro, adorou.

Em verdade, é um filme de limitado valor artístico ou técnico, apesar da excelente fotografia de Toni Rabatoni, mas vale como registro de uma época em que era possível fazer cinema com parcos recursos e mobilizar grande público para acompanhá-lo.

Não houve pagamento antecipado, nem mesmo contrato pelo seu desempenho no filme, se houvesse algum retorno financeiro, seria algo advindo do desempenho da arrecadação nos cinemas, o chamado *bordereau* (*borderô*, o faturamento da bilheteria). Nas primeiras três semanas, o filme esteve num circuito de 10 cinemas entre os do centro e os de bairro, bem razoável para a época, e pelo fato de a menina estar presente no Cine Arte Palácio na semana de estréia, depois no Cine Bandeirantes, os demais cinemas do circuito também quiseram ter essa primazia.

Lá ia a família para as sessões da matinê e vesperal pelos cinemas dos bairros de São Paulo, dos mais próximos aos mais distantes. Nessa ocasião, havia fila para autógrafos, para entrega de flores e de presentes. O público precisava ser contido por seguranças, tamanho o assédio.

Uma noite, a família já ia se recolher, aparece José Pinto Filho, que já se tornara íntimo, tamanha a convivência ao longo desse dois anos, com um bolo enorme de dinheiro. Era o resultado do borderô, não sei quanto havia, mas eram muitas notas.

Entregaram o dinheiro nas mãos de Sonia Maria, que sem saber o que fazer jogou-as para o alto, como se fosse confete, causando um grande susto em todos, especialmente para sua mãe, que não gostava desses arroubos, sobretudo com dinheiro, elemento que ela respeitava sobremaneira, pois fazia grandes exercícios para regular o orçamento doméstico, sempre apertado.

O fato é que eram muitas notas, mas quase todas de valor muito pequeno e a quantia era praticamente insignificante, para ser computada como pagamento pelo desempenho em um filme, se comparada aos dias de hoje. Também não foi desta vez que ela iria enriquecer.

A Queridinha do Meu Bairro foi lançado no fim de 1953, e sua exibição decorreu no ano de 1954, coincidindo com os festejos do IV Centenário da Cidade de São Paulo, efeméride em que Sonia também teve participação.

O filme foi distribuído pela Companhia Cinedistri e foi desta maneira que se consolidou uma grande amizade com a família Massaini, sobretudo com Oswaldo, o patriarca, que persiste até agora, na pessoa de Aníbal, seu filho.

Uma grande parte do filme foi rodada nos estúdios na companhia Maristela, em Mairiporã, e outra, na Vera Cruz, em São Bernardo do Campo, e lá também foram feitas as dublagens. Muitos dos arranjos musicais foram compostos por Francisco Dorce, que também regeu a orquestra.

Sonia Maria recebeu prêmios da *Rádio Gazeta* e do jornal *Última Hora*, do jornal *A Hora*, por sua atuação nesse filme como melhor atriz infantil e como revelação, pois já veterana na televisão, se iniciava nesse novo campo artístico.

Em seguida ao lançamento, de seu primeiro filme, foi convidada a rodar outro, *A Um Passo da Glória*. Também esse filme foi realizado pelo Estúdio Pinto Filho, e como de outra feita, o fator financeiro era mínimo, mas o Chico Dorce, mais escolado, fez um contrato de prestação de serviços, prevendo também uma participação na bilheteria.

O filme, desta vez, era dotado de melhores recursos técnicos e artísticos, estrelado por Sonia Maria Dorce, Alice Miranda e Alfredo Nagib e de outros atores, do rádio e da televisão.

Teve também bom público e fez uma longa carreira nos cinemas da cidade. Outra vez, a menina estava presente nas matinês e nas principais sessões recebendo os fãs, dando autógrafos e distribuindo fotos. Para divulgar o filme, voltou a viajar para muitas cidades do Brasil. Era um trabalho muito cansativo e penoso. Muitas vezes, era apresentada: *A queridinha do meu bairro está de volta!*

Por decisão de seu pai, não repetiu mais a experiência cinematográfica, pois era algo muito oneroso, causava muitos problemas, com a demora da gravação das cenas, com dublagens e outras providências o que obrigava a ausências no colégio, e estudar sempre foi primazia na vida da garota.

O velho Dorce, matreiro e bem preparado pela vida, jamais permitiu que a fama lhe subisse à cabeça, que a menina se achasse muito importante, ou que se julgasse especial, diferente das outras crianças. Dentro de casa, era rigoroso com os estudos, não admitia falhas ou notas baixas como desculpas por seus trabalhos na televisão. Dizia sempre que Sonia Maria teve mais oportunidades que os outros e o sucesso foi decorrência dessa sorte. Insistia sempre: *A glória é efêmera, você é engraçadinha, diferente, algo inusitado para o público. No momento em que deixar de sê-lo, é preciso estar preparada. O estudo é a meta para um futuro melhor.*

Esses conselhos foram ouvidos e jamais esquecidos e valeram muito, pois ela sabia quanto sacrifício seu pai fazia para mantê-la na escola, para dar à família uma vida digna, sem grandes privações.

Uma lição ela aprendeu nesta vida: nada substitui o prestar atenção, em tudo, sempre. Aquele momento, aquela informação podem ser únicos na vida, não valem a pena perdê-los, é como um cipó que passa, pode ser um fato exclusivo na vida, é preciso usufruir as oportunidades que a vida nos apresenta.

Foi dentro desse espírito de luta e perseverança que seus pais lhe forjaram o caráter. Esse é seu único orgulho e patrimônio, aprendeu e nunca mais esqueceu que aquilo que você tem, alguém pode subtrair de alguma forma, e muitos já o fizeram; o que você é jamais será surrupiado, é seu, morre com você.

Gravou também alguns discos, as célebres bolachas de 78 rotações. O primeiro deles foi para a gravadora RCA Victor, em 1952, uma música, *O Papai e a Filhinha*, em dupla com um cantor famoso na época, Wilson Roberto; o outro lado continha uma prece para o Dia das Mães. O disco vendeu tantas cópias que recebeu vários prêmios, entre eles o que seria considerado *Disco de Ouro*, de hoje em dia.

Por ocasião das filmagens do primeiro filme, *A Queridinha do meu Bairro*, houve também gravações de discos, editados pela Copacabana; foram seis ao todo, com doze gravações contendo poesias, homenagem ao dias das mães e às crianças, em geral músicas dedicadas ao público infantil que, como os dias de hoje, também obrigavam seus pais a comprá-los. As gravações eram feitas à noite, para que o barulho da rua não interferisse no som, nos estúdios da Rádio Bandeirantes, na Rua Paula Souza.

As gravações transformavam-se numa epopéia. Era tudo meio fantástico, estar na rua no meio da noite, diferente e inusitado. No fim, tudo acabava virando uma grande farra, pois, em geral, havia muitas crianças, as músicas, quase sempre tinham coral acompanhando, e entre os lanches e ensaios havia muita brincadeira, que deixavam o Dorce muito bravo.

O disco, com a gravação da música *Queridinha do Meu Bairro*, tinha a produção musical de Francisco Dorce, de um lado, do outro uma prece dirigida a Nossa Senhora Aparecida com texto de Lela Cardim e música de Francisco Dorce. Também recebeu prêmios no ano de 1954, pelo número de cópias vendidas.

Festa de aniversário de Homero Silva, ainda no Clube Papai Noel, *com Sonia a seu lado, José Paniguel de costas e a cantora Jane de Moraes ao fundo, ao lado do piano*

Capítulo VI
Vida de Artista

A vida imita a arte muito mais do que a arte imita a vida

Oscar Wilde

Durante os anos de 1951 até 1965, os convites para programas foram se sucedendo e as responsabilidades aumentando.

Veja abaixo uma relação de alguns programas de que Sonia Maria participou. É preciso salientar, ninguém da família preocupou-se em organizar um arquivo com a relação dos trabalhos realizados, guardar scripts, ou qualquer outro documento. Algumas poucas fotografias, contudo, foram guardadas e servem de ilustração para esse trabalho. Na época, as coisas aconteciam naturalmente, não havia a preocupação do registro e anotações, por isso a grande importância desta obra de resgate da memória da televisão dos primeiros tempos e daqueles que participaram de sua história.

Gurilândia (1950/1963)
Direção Geral: Homero Silva
Direção Artística: Francisco Dorce
Esse foi o primeiro programa infantil da televisão brasileira. Foi ao ar pela primeira vez, no domingo seguinte à inauguração da TV.
Era uma réplica do programa *Clube Papai Noel*: crianças cantavam, declamavam, tocavam instru-

mentos ou representavam pequenas cenas. Sonia era a secretária do programa e também recitava os poemas escolhidos por seu pai.

O programa tinha alguns quadros: *Sala de Visitas; Caixa de Brinquedos; Secretaria,* quando eram respondidas as correspondências; *Momento do Fuzarca e Torresmo,* e durante um tempo, *Escolinha da D. Zélia,* nos moldes da famosa *Escolinha do Ciccillo,* escrito e dirigido por Francisco Dorce. O papel de D. Zélia, a professora, era interpretado por Célia Silva; os alunos: Márcia Dorce, Homerinho, Cidinha Campos, que fazia a *Maria Cascadura,* uma aluna levada, que não sabia as lições, e Edmilson Assunção, o *João Bonzinho,* e até mesmo Adriano Stuart participava. Esse quadro agradava muito, e as crianças enviavam cartas querendo fazer parte da Escolinha.

De Mãos Dadas (1ª Fase – 1951/1952)
Autor e diretor: Túlio de Lemos
Direção Artística: Cassiano Gabus Mendes
Direção de TV: Luiz Gallon
Atores permanentes: Heitor de Andrade e Sonia Maria Dorce.
Seriado que ia ao ar duas vezes por semana, às 20h, terças e quintas-feiras, narrando o cotidiano, aventuras e desventuras de um viúvo e sua filhinha. Diversos atores faziam parte do seriado, que tinha um forte apelo sentimental, pelo fato de a pequena ser órfã e todos quererem suprir a falta do carinho materno.

Salathiel Coelho, sonoplasta pioneiro, criador das trilhas sonoras para os atores, escolheu como tema de Sonia Maria a música *Too Young*. O efeito foi tamanho que esta passou a ser o tema musical da menina mesmo em outros programas.

De Mãos Dadas (2ª Fase – 1955/1956)
Os mesmos, autor, diretor e atores centrais fixos, com a diferença de que agora são duas irmãs gêmeas – Maria Clara e Maria da Graça –; a primeira tem uma pinta no rosto que a diferencia de sua irmã, além do gênio irascível, a primeira é atrevida e sapeca, a outra é a suave, boazinha e vítima de suas traquinagens. Também faziam parte do elenco fixo Maria Vidal, como a velha empregada maquiada de negra; Adriano Stuart, como Cisco, amigo e parceiro das brincadeiras; Fernando Balleroni, Guiomar Novaes, Turíbio Ruiz, como jardineiro; e outros. Nesta segunda fase, o patrocinador era a Sadia, cuja logomarca era uma holandesinha, personificada por Sonia Greiss (que se casou depois com o grande ator Jayme Barcelos).
Certa vez, durante a demonstração da *delicia* do salaminho da Sadia, Sonia abriu a gaveta onde deveria estar um prato cheio da iguaria.
Para sua surpresa, o prato estava vazio e ela em alto e bom som, disse: *Só pode ter sido a Sonia Maria Dorce quem comeu o salaminho!*
Isto tudo ao vivo. Só restou ao Luiz Gallon, eficiente diretor de TV cortar imediatamente.

Esse é um detalhe para mostrar como as coisas eram espontâneas e naturais, tudo ao vivo; às vezes, até com alguns erros, mas sempre com muita criatividade, talento e imaginação.

Vestidos de Minha Vida (1951/1952)
Autor: Cassiano Gabus Mendes
Diretor: Gaetano Gherardi
Atores: Sonia Maria Dorce (a dona dos vestidos) e todo o elenco de atores da Tupi, um grupo diferente a cada semana. Contava a estória de uma garota com o auxílio dos seus vestidos. O patrocinador era a Rhodia, e os vestidos eram cedidos pela Casa Clo.

48 Horas com Bibinha
(1953/1954, uma vez por semana)
Autor e diretor: Cassiano Gabus Mendes
Atores: Márcia Real, José Parisi, Dionízio de Azevedo, Astrogildo Filho, Rosa Maria, David Neto, Maria Cecília, Albano Pereira (o Fuzarca, da dupla *Fuzarca e Torresmo*) e Sonia Maria Dorce, que interpretava a Bibinha. Trata-se do drama de uma família muito rica, seus pais, José Parisi e Márcia Real, por conta de uma intensa vida social e mundana, descuidavam-se na educação de sua única filha, até que um dia, esta foi raptada por Dionísio Azevedo, um marginal de bom coração, que aos poucos se encanta com a criança, foge de seus comparsas e acaba devolvendo-a a seus pais, sã e salva. Antes disso, os telespectadores sofreram muito, pela sorte da menina. Os cenários eram decorados com enfeites vindos da casa

dos atores e o quarto da menina, com bichos de pelúcia do filho recém-nascido de Cassiano. O patrocínio era do Leite Moça.

Família Sears (1953/54)
Autor: José Bonifácio de Oliveira Sobrinho (Boni)
Atores: Walter Stuart, Adriano Stuart, Maria Vidal e Sonia Maria Dorce.
Aventuras de uma família meio complicada, em que o pai geralmente se saía muito mal e sempre brigava com a sogra e os filhos peraltas.
Era puro *merchandising*, ainda que Fernando Severino, diretor comercial negasse o fato. Tudo que estava em cena poderia ser encontrado na Loja Sears, só que ninguém tocava no assunto. Ia ao ar, às 3as e 5as- feiras, às 20h30. Sonia adorava quando sua família de verdade se reunia para as tradicionais compras de final de ano na Sears; a loja era moderna, bonita e os produtos estavam à mão do consumidor. Além disso, em frente tinha uma lanchonete que *inventou* o creme de *chantilly*. Uma delícia! Será que alguém se lembra disso?

Nos Tempos da Vovó (1954/55)
Escrito e dirigido por Theófilo de Barros Filho, aproveitando o sucesso que a dupla Maria Vidal e Sonia Maria Dorce fazia no rádio, resolveram lançar o programa na TV. As complicações de uma avó meio amalucada e sua compenetrada netinha. Muitos atores e atrizes da Tupi complementavam o elenco.

Em cena de De Mãos Dadas - 2ª fase *com Adriano Stuart (à esquerda), e em* Vestidos da Minha Vida, *patrocinada pela* Casa Clô *(acima)*

Tinha a duração de 15 minutos e ia ao ar às 2as-feiras, um pouco antes do *Circo Bombril*, apresentado e dirigido por Walter Stuart.

Passeando Pela História (1954/55)
Autor e diretor: Silas Roberg
Atores: Sonia Maria Dorce, Adriano Stuart, Torresmo, David Neto, Maria Cecília, Luiz Orione, Nea Simões e grande elenco.
Patrocinado pelo Banco do Canguru Mirim. Era uma série educativa e de aventuras, na qual se procurava ensinar um pouco de História Universal e do Brasil ao público em geral, mas sobretudo às crianças, que, após a leitura de um trecho de um livro de História, sonhavam estar vivenciando os mesmos fatos históricos. Viajavam até o Descobrimento do Brasil, outras vezes iam para o Egito e seus faraós, com direito a camelo e tudo mais no estúdio, e assim por diante.
Foi lançada uma musiquinha que todas as crianças cantavam:
Um cruzeiro, dois cruzeiros,
Papai vai dar para mim,
Vou guardar o meu dinheiro,
no Canguru-Mirim.

O Pequeno Mundo de Don Camilo (1955/56)
Autor: Giacomo Guarescchi, com adaptação e direção de Walter George Durst
Atores: Otelo Zeloni e Heitor de Andrade nas figuras de Don Camilo (o padre) e Don Peppone (o prefeito comunista), Sonia Maria Dorce,

Adriano Stuart, como seus filhos e Norah Fontes sua mulher, além de grande elenco.

As peripécias, avenças e desavenças de um padre de uma aldeia italiana, do pós-guerra, e seu prefeito comunista, cuja família, para seu desgosto, era católica fervorosa.

Em cena de Passeando Pela História *com Adriano Stuart*

As Aventuras de Robin Hood (1955/56)
Autor e diretor: Péricles Leal
Ia ao ar duas vezes por semana.
Aventuras do herói lendário da Idade Média inglesa, simbolizava a resistência dos saxões aos invasores normandos, atuando na floresta de Sherwood, nos tempos do Rei Ricardo, com Henrique Martins, como o personagem-tema, Walter Stuart, Norah Fontes, Percy Ayres, Aida Mar, Henrique Canales, Sonia Maria Dorce, Adriano Stuart e grande elenco.
Sonia adorava fazer programas de época, imbuía-se do espírito da personagem, encantava-se com as roupas e adereços da Casa Teatral. Ao final do programa, não queria trocar de roupa, às vezes, queria ir embora com a fantasia, para desespero de sua mãe.

Pollyana (1954/55)
Adaptação de Túlio de Lemos, extraída da obra de Eleonor Porter
Diretor: Cassiano Gabus Mendes
Atores: Márcia Real, como a malvada Tia Polly, Sonia Maria Dorce, como Pollyana, Cachita Oni, como a criada, amiga da heroína; Clenira Michel, Turíbio Ruiz e grande elenco. Menina órfã, que vem para a casa da tia sem filhos, faz o *jogo do contente* e acaba por conquistar o público, o pessoal da casa e, finalmente, a sisuda parenta. Ia ao ar duas vezes por semana, às 4as e 6as-feiras, com o patrocínio de Mappin.

Grandes Atrações Pirani
(1ª Fase – 1955/56 - 2ª Fase 1958/1960)
Programa de atrações variadas, cantores, balé, informações, notícias e quadros humorísticos. Era apresentado por Homero Silva. Ia ao ar domingo à noite, às 20h. Era uma espécie de *Fantástico*, exibido pela Rede Globo, atualmente. Sonia Maria fazia as chamadas nos intervalos, e a propaganda do anunciante principal – Loja Pirani, denominada *A Gigante do Brás*. Para tal, usava um conjunto de calça comprida, casaca, cartola e par de sapatos de salto alto, tudo isso bordado em lantejoulas, azuis e prateadas – uma glória! A menina gostava tanto dessa fantasia que passava todo o tempo assim vestida, para espanto da vizinhança, e, nos dias do programa, o sapato estava todo esfolado. Esse programa voltou a ser exibido, mais ou menos, nos mesmos moldes, no fim do ano de 1959 e início dos anos 60; nessa ocasião, integrava o corpo de baile uma dançarina chamada Sonia Maria, que logo ficou sua amiga e, mais tarde, usaria o nome artístico de Susana Vieira.

Ciranda Cirandinha (1956/586)
Autora e diretora: Vida Alves
Assistente: Beatriz Oliveira
Atores: David José, Adriano Stuart, Sonia Maria Dorce, Márcia Dorce, Henrique Ogala, Beatriz de Oliveira, Carlos Menon.
Narrava as peraltices e fantasias de uma turma de crianças e pré-adolescentes, na cidade de São Paulo e no interior. A diretora do seriado sofria

um bocado, pois os atores mirins levavam tão a sério suas brincadeiras que era difícil manter a disciplina. A série era um sucesso e tinha fila de crianças inscritas querendo fazer parte do seriado, que era patrocinado por Brinquedos Estrela. Ia ao ar todas as 6as-feiras. No dia do programa, as crianças do elenco ficavam brincando na parte de trás da Tupi, na Rua Catalão. Na hora do ensaio, era muito difícil fazê-los entrar. Estavam suados, excitados, dispersos, era tarefa árdua controlar tanta energia. Mas, Vida Alves, usando de astúcia e inteligência, conquistou a meninada, sendo mais *moleque* que eles mesmos.

Os Menores da Semana (1957/59)
Autor e diretor: Oscar Nimitz
Apresentadores: Sonia Maria Dorce e David José.
Era transmitido às 5as-feiras, às 18h30.
Era uma paródia do programa de Airton Rodrigues – *Os Melhores da Semana* -, apresentado por Homero Silva e Márcia Real. Tendo em vista os inúmeros programas infantis existentes na época em todas as emissoras de TV, concedia, semanalmente, prêmios, o Troféu Estrela aos melhores desse setor, crianças, jovens e seus professores. Era um verdadeiro estímulo aos educadores e artistas mirins. Patrocinador Brinquedos Estrela.

Programa Pim Pam Pum (1956/1958)
Diversos autores
Programa diário para o público infantil, ia ao ar às 18h. Dividia a apresentação com Adriano

Sonia e David José apresentam Os Menores da Semana

Stuart e David José. Com patrocínio de Brinquedos Estrela, cada dia da semana tinha uma atração diferente: Desenhos Animados, Teatro Infantil, *O Chá das Bonecas* e, assim por diante. Esse trio de apresentadores metia medo em todos os câmeras, contra-regras e ajudantes de estúdio, pois os três, cada um na fase da pré-adolescência, com 11, 12 e 14 anos, respectivamente, costumavam fazer a maior algazarra no estúdio.

O Adriano era o mais levado, a Sonia a mais teimosa, o David, o mais bem-comportado, até que era seduzido pela dupla e aderia, completamente, às brincadeiras. Um dia, no meio do ensaio do programa *TV de Vanguarda*, aproveitando uma folga, o trio resolveu explorar o telhado do estúdio, e foram caminhando, no meio de cabos e fios, até que alguém começou a berrar, que eles estavam correndo perigo, os fios eram de alta tensão, precisavam sair logo dali. Chico Dorce foi informado dessa perigosa travessura e ela teve que ficar semanas sem falar com os amigos peraltas e jurar que não repetiria a bravata.

Teatro da Juventude (1954/60)
Autora: Tatiana Belinky
Direção: Júlio Gouveia
Aos domingos, por volta da 11h eram apresentadas peças infantis em 3 atos; quando não encenava peças originais, representavam-se outras traduzidas e adaptadas pela própria Tatiana, do folclore internacional.

David José o programa Pim Pam Pum

No tempo de Sonia Maria, o TESP havia-se mudado da Liberdade e agora estava instalado noutro casarão, na Al. Santos, onde residia D. Leonor Pacheco, irmã da Lúcia Lambertini.

Sonia Maria adorava participar desses programas, porquanto ensaiar com o Júlio Gouveia e compartilhar a convivência com o casal, era um aprendizado de vida, pois o Júlio não só ensinava inflexões ou marcações, como abria as portas para o imaginário e deixava a fantasia correr solta e além disso, aos sábados, havia os *bailinhos* nos quais os garotos como Adriano Stuart, David José, Maria Adelaide Amaral, Verinha Darcy e outros compareciam.

Façamos Hoje os Homens de Amanhã (1955/57)

Era um programa dirigido ao público infanto-juvenil com historietas completas sempre com fundo de moral.

Direção e autoria: Francisco Dorce, como assistente Fernando Buck, e elenco infantil e adulto da TV Tupi. Sonia Maria, além de atuar, ajudava na direção artística e na produção. Também auxiliavam na direção do programa dois jovens idealistas, que estavam iniciando e tornaram-se grandes amigos da família, Chico de Assis e Antunes Filho.

Concertos Matinais para a Juventude (1955/56)

No primeiro domingo do mês, às 11h, o Teatro Municipal abria suas portas para a garotada. Concertos de música erudita, da melhor qualidade, eram realizados, com entrada franca, mediante prévio agendamento. O teatro lotado, da platéia às galerias, o público prestigiava essas apresentações, em que também marcava presença grande número de adultos, aproveitando a dupla oportunidade: conhecer o Teatro Municipal e apreciar a boa música.

O programa era apresentado por Sonia e Heitor de Andrade e contava com a participação do maestro Eleazar de Carvalho que, quando estava disponível, explicava aos telespectadores o sentido das peças que seriam tocadas.

Cine Trol (1958/59)

Autor: Clenira Michel

Direção: Francisco Dorce

Produção: Sonia Maria Dorce

O Cine Trol *– transmissão do Canal 3, às 18 horas -, já está se tornando tradicional e querido teatrinho infantil que conta com a participação de elementos do* Clube Papai Noel. *Ainda hoje teremos, no horário, uma pecinha sob o título de* Dona de Casa, *produção de Sonia Maria Dorce e script de seu pai Francisco Dorce e supervisão de Clenira Michel. Trata-se de alta comédia infantil, amplamente recomendável à garotada, dela participando em papéis de destaque Jussara Michel, Jussania Michel, Luis Canales, Maria Aparecida Campos, (Cidinha Campos) Ivani Pagliuso, Márcia Dorce. Vamos assistir.*

(Jornal Diário da Noite)

Chopin – Sua Vida, Seus Amores (1962)
Com Cláudio Marzo no papel-título, Laura Cardoso (como Georges Sand), Maria Valeira, Jayme Barcellos, Fernando Balleroni, Márcia Real, Georgia Gomide, Percy Ayres, Luiz Orione, Sonia Maria Dorce e outros.

Teatro na Tarde (1961/63)
Autores e diretores: Fernando Faro e Walter Negrão Eram encenadas peças, comédias românticas e leves, com duração de uma semana, sobre assuntos da atualidade, com diversos artistas, geralmente jovens, como Susana Vieira, Patrícia Mayo, Guy Loup, Adriano Stuart, David José, Luiz Gustavo, Cláudio Marzo, Lisa Negri e Sonia Maria Dorce, além do elenco adulto.

Sonia tinha ainda participação esporádica em diversos seriados e programas: *O Falcão Negro; Lever no Espaço; Clube dos Artistas; Almoço com as Estrelas* (com Airton Rodrigues e Lolita Rodrigues); *Alô Doçura*, sempre que precisavam de uma criança; *Caravana da Alegria*, transmitido diretamente do Cine Oásis, onde às quintas-feiras fazia o quadro *Nos Tempos da Vovó*, na companhia de Maria Vidal, os apresentadores eram J. Silvestri e Cláudio de Luna, no qual também o Boni escrevia alguns quadros; *Antártica no Mundo dos Sons*, sob a direção do maestro Georges Henry; *Música e Fantasia*, de Abelardo Figueiredo. Participou até mesmo de operetas realizadas por Pedro Celestino, irmão de Vicente Celestino.

Algumas novelas semanais

O Sonho do Vovô (1954)
Autor: Nelson Machado
Com: Fernando Balleroni, Laura Cardoso,Percy Ayres, Adriano Stuart, Flora Geny, Sonia Maria Dorce e grande elenco.

O Palhaço (1956)
Autor: Nelson Machado
Com: Jayme Barcellos, Maria Vidal, Márcia Real, Clenira Michel, Ada Mar, Célia Rodrigues, João Monteiro, David José, Sonia Maria Dorce e outros.

O Anjo de Pedra (1957)
Baseado num conto de Tenneesse William
Com: Laura Cardoso, José Parisi, Geórgia Gomide, Luiz Gustavo, Rita Cleós, Elk Alves, Sonia Maria Dorce e outros.

O Direito de Nascer (1964/65)
Autor: Félix Caignet - Adaptação de Teixeira Filho e Walter George Durst
Direção de TV: Regis Cardoso
Com Amilton Fernandes, Guy Loup, Nathalia Timberg, Isaura Bruno, como mamãe Dolores.
Dramalhão mexicano que narra a busca incessante do médico Albertinho Limonta por sua mãe. A novela fez tamanho sucesso que a atriz Guy Loup mudou seu nome para Isabel Cristina, nome de seu personagem. Sonia fez uma participação especial: era a estudante que, no início da trama, aparece no consultório do médico, grávida, e pede ao médico para fazer um abor-

to, pois não tinha condições de criar seu filho e a sociedade repressora não aceitaria um filho bastardo. É para a jovem que o médico insiste que todos têm o *direito de nascer* e conta sua história. Este foi o ultimo programa que Sonia participou na televisão.

Certa vez, encenando uma peça no *Teatro da Juventude – Um Cupido às Soltas -*, em que também participavam Felipe Wagner, Rita Cleós e Wilma Camargo, entre outros, aconteceu algo inusitado. Seu personagem era o de Cupido, o deus do amor. Mas não era aquele cupido tradicional, ao qual estamos acostumados. Era um moleque, que ao invés de asas tinha patins, um só, no lugar do arco e fecha, um bodoque (um estilingue). Nosso cupido era um pouco atrapalhado, mas tinha interesse em aproximar os enamorados, soltando pedras de amor ao invés de flechadas. Era uma peça em três atos e, pelo fato de serem poucos personagens, a menina tinha muitas falas. Começou a audição e cada vez que o cupido dizia certas palavras, as pedrinhas eram disparadas. Logo no começo do primeiro ato, Sonia Maria, inadvertidamente, disse a fala que encerraria o ato e uma das pedras seriam soltas. Isso tudo, no ar e ao vivo. O programa estava perdido! Valeu o dom da improvisação e ela deu um jeito, reverteu a situação, consertando a fala errada, e com auxílio de Luiz Gallon, que atuava na direção de TV, fechou a cena e depois abriu, no mesmo instante, e os telespectadores nem perceberam o equívoco.

Outra vez, também no *Teatro da Juventude*, o Júlio Gouveia inventou de fazer o cenário fechado, com quatro paredes. Havia entre as tapadeiras (as paredes dos cenários) um espaço, e os atores deveriam se posicionar para as câmeras poderem enquadrá-los. Era uma verdadeira revolução no conceito de televisão, pois, comumente, são as câmeras que procuravam os artistas e não o contrário. A peça chamava-se *Mão Furada* - estória de uma menina muito desastrada, que quebrava tudo que mexia (m*ais ou menos o que acontecia na sua vida real).*

Os atores, além de decorar as falas, precisavam prestar muita atenção nas marcações, pois corriam o risco de nem aparecer no vídeo se malposicionados estivessem.

Em determinado momento, Sonia, sem querer bateu o braço num vaso de cristal, que veio abaixo e quase caiu, foi salvo por causa de uma peripécia. Muito esperta, a menina saiu do ângulo da câmera, e esta falha não foi notada pelos telespectadores.

Tradicionalmente, segunda-feira era o dia de descanso das companhias teatrais, que naquela época faziam espetáculo corrido, de terça a domingo. Foi criado o *Grande Teatro Tupi*, que ia ao ar todas as segundas-feiras, a partir das 22h, levando peças, geralmente de três atos.

Muitas companhias importantes apresentaramse nesse programa, aproveitando o dia livre para levar peças, algumas concomitantemente em cartaz nos teatros paulistas, como as de Dulcina e Odilon, Bibi Ferreira e seu pai Procópio Ferreira, Jayme Costa, Cacilda Becker e Walmor Chagas, Eva Todor e Jorge Dória, entre outros, e contou até mesmo, com a participação de um espetáculo da *Comédie Française* de Paris, França, falado em francês. Depois de certo tempo, o programa passou a ser realizado com os artistas da casa, sob a direção de Wanda Kosmo. A mais alta dramaturgia era exercida por devotados atores e atrizes, que com apenas uma semana de ensaio levavam peças de três atos, ao vivo. A grande preocupação era fazer um espetáculo de alto gabarito com muita arte e sensibilidade.

Sonia Maria era, freqüentemente, escalada para o *Grande Teatro Tupi*, tendo encenado diversas peças, como *A Malvada, Um Deus Dormiu lá em Casa, As Irmãs Brancas, A Jaula, Fogo Morto, Casa das Bonecas, As Cartas que Eu Escrevi, Rainha Elizabeth*, e muitas outras.

Certa vez encenava-se para o *Grande Teatro Tupi* a peça *A Canção de Bernadete*, do autor tcheco Franz Wefel, numa adaptação de Wanda Kosmo. Naquela época já havia videotape, e vestidas de freiras, as atrizes Norah Fontes, Geny Prado, Laura Cardoso e Sonia Maria, estavam descansando na porta da capela da Faculdade de Direito da Pontifícia Universidade Católica de São Paulo – PUC, uma vez que as gravações foram feitas

Em cena de O Ramalhete *no* Teatro da Juventude, com *David José*

Em cena de As Irmãs Brancas, *no* Grande Teatro Tupi

em seu interior. Sonia Maria, no papel-título, acabara de gravar a cena em que fazia os votos para entrar no convento. Logo em seguida, passaram as crianças de um colégio religioso das redondezas e todas elas, em fila, começaram a beijar as mãos das atrizes, acreditando serem elas freiras de verdade. As crianças estavam tão contritas que ninguém teve coragem de desmentir. As atrizes representaram seus papéis, seriamente e, no momento seguinte, quando as crianças partiram, foi uma gargalhada só. Sonia Maria que estava vestida de noviça não recebeu a deferência das crianças.

Foram também inúmeras suas participações em programas adultos, como *TV de Vanguarda*, criado e dirigido por Walter George Durst, no qual mais mocinha, desempenhou, certa vez, par romântico com Luiz Gustavo, na peça *O Cravo na Lapela*, de Pedro Bloch.

Também na série *O Contador de Histórias*, dirigido por Cassiano Gabus Mendes, encenou entre outros autores, Tchecov, em *Olhos Mortos de Sono; Seis Personagens à Procura de um Autor*, de Pirandello, *A Casa de Bernarda Alba*, de Lorca, e muitos outros clássicos.

Atuava também no *TV de Comédia*, sob a direção de Geraldo Vietri, apresentou-se em muitas peças, entre outras: *Nu com Violino*, com Lima Duarte, Laura Cardoso, Luiz Gustavo, Gian Carlo e outros.

Sonia, já adolescente

Em cena de Olhos Mortos de Sono, de *Tchecov, no programa* O Contador de Histórias, *com Clenira Michel*

Durante a encenação de um *TV de Comédia* – na peça *E as Luzes Ficaram Acesas* – original de Geraldo Vietri, com Laura Cardoso, Lima Duarte, Amilton Fernandes, Luiz Gustavo e grande elenco, aconteceu um fato inusitado, próprio de audições ao vivo. Tratava-se de uma comédia romântica, bem brejeira à moda do teatro de *vaudeville*. A todo o momento, um ator saía por uma porta e quando voltava, geralmente estava com um traje diferente. Havia muitas trocas de roupas durante o espetáculo, essa era das questões principais da peça. As roupas ficavam penduradas em pregos e cabides, atrás do cenário, com o nome do ator e a hora certa da troca. Evidentemente, não tinha ninguém para ajudar e todos os movimentos deveriam ser rápidos. Pois bem, nossa heroína entrou porta adentro, e rapidamente deveria voltar.

Olhou para suas roupas, e pela ordem (que com certeza, algum *engraçadinho* trocara), deveria vestir um pijama, com chinelinho e tudo mais. Assim vestida, abriu a porta e desceu, o cenário tinha uma linda escada meio circular. Constatou para seu desespero, que a cena era a da festa de gala da peça, e os demais atores estavam assim vestidos. Foi difícil suportar os risos sufocados dos demais atores. Todos mantiveram-se firmes e a cena correu perfeita até seu final. Foi a primeira vez que ela foi a uma grande festa em trajes tão íntimos.

Em anúncio da Casa Bambini

Em anúncio das Meias Bresser

No final dos anos 50, houve uma grande moda pelas televisões brasileiras: as dublagens. Alguns artistas especializaram-se no gênero, artistas mirins também tentavam imitar os adultos cantando em cima de melodias gravadas. O Cassiano, em tom de brincadeira, resolveu colocar o Adriano Stuart e a Sonia Maria no programa *Atrações Pirani*, fazendo uma dublagem da célebre dupla Louis Amstrong e Ella Fitzgerald cantando *Cheek to Cheek*. O jovem casal, vestido a caráter, como artistas americanos dos shows da *Broadway*, interpretou o número com tanta naturalidade e compenetração, mesmo sem entender uma só palavra do que diziam, que tiveram de repetir o número em outros programas.

A chegada do videotape - VT

Somente no final de 1959, apareceu o vídeotape, e os técnicos e artistas não sabiam como utilizá-lo devidamente. Freqüentemente, ocorria o fato de gravar-se o programa, como o *Grande Teatro Tupi*, ou *TV de Vanguarda* ou *TV de Comédia*, por exemplo, durante todo o dia, e devido a problemas técnicos, o terceiro ato, representava-se ao vivo. Era uma insanidade, mas dava certo e o público adorava. A presença do vídeotape agitou os meios artísticos. Praticamente toda a classe foi contra a novidade.

Uns diziam que a verdadeira representação deveria ser feita ao vivo com toda a emoção presente, programa gravado, com cortes e repetição, correção de erros não era mais arte, a televisão estaria travestida em outra coisa.

Outros mais objetivos reclamavam, com razão, diziam que o trabalho seria muito mais demorado e que as horas despendidas não seriam contabilizadas como extras (no que estavam certos sob esse aspecto, ninguém jamais recebeu salário extra por essas horas a mais de trabalho). Um programa, executado em duas ou três horas, poderia levar até três dias para ser finalizado em VT.

Houve também sérios desentendimentos entre o setor administrativo da emissora e o artístico. Por determinação da alta direção, a partir dos anos 60, se não me engano, todos os funcionários da Tupi deveriam assinar ponto, duas vezes ao dia, na entrada e na saída. Era uma burocracia, inaceitável no meio artístico, como se fosse possível aferir o trabalho artístico pelas horas trabalhadas. Mas, enfim... Contestou-se tal deliberação, mas todos sucumbiram a ela. Os atores e atrizes eram muito sábios, já praticavam a máxima que as ordens podem ser discutidas, mas acima de tudo precisam ser cumpridas. Sobretudo as dessa natureza, com risco de corte de salários.

Pois bem, certa feita, encenávamos um *TV de Vanguarda* e todo o elenco assinou ponto no domingo de manhã, quando começaram os ensaios finais. Começaram as gravações e durante a encenação o videotape quebrou diversas vezes e, como já mencionei, o terceiro ato foi levado ao vivo. A peça era muito longa e só foi terminar após as 24h, portanto em plena segunda-feira. Até retirar a maquiagem, mudar as roupas, já se passara algum tempo e quando fomos assinar o ponto, o relógio mudara para o dia seguinte. Ninguém percebeu o fato. Para surpresa de todos, no final do mês os artistas tiveram um dia de trabalho descontado – justamente aquele domingo em que se trabalhara um período extra. Dá para imaginar a confusão que deu!

Os artistas liderados por Lima Duarte e Dioniso de Azevedo conversaram seriamente com a direção e o departamento do pessoal voltou atrás e os ânimos se acalmaram. Mas a obrigação de assinar o ponto persistiu.

Demorou certo tempo, até o pessoal aprender a utilizar corretamente a novidade tecnológica. Faziam-se cortes desnecessários, às vezes até mesmo, inutilizando a fita. Isso sem contar as quebras da *cabeça do VT* e o tempo infindável para consertá-las. Ao contrário dos americanos, naquele tempo reaproveitava-se a fita, fazendo inúmeras gravações sobrepostas. Dessa forma, foram perdidos muitos programas. Esse hábito permaneceu até o início dos anos 90.

Com o passar do tempo, foi-se percebendo a maravilha do VT. Além de corrigir os erros, os programas poderiam ser gravados com antecedência e, assim, os feriados e dias especiais, desfrutados com a família. Além dos registros dos programas, que poderiam ser arquivados e repetidos, quando necessário. Quando esse conforto foi definitivamente instituído Sonia Maria começou a afastar-se da TV.

Sonia encarava aquela vida atribulada com muita naturalidade, não percebia o quanto sua vida era diferente das outras crianças. Já desde muito nova, assumira responsabilidades de adulto, inicialmente decorando imensas poesias, depois os *scripts* e como, com freqüência tinha papel destacado, competiam-lhe muitas falas, que ela sempre trazia decoradas, graças ao esforço e dedicação de sua mãe, que ficava passando o texto horas a fio.

Em 1952, a família se mudou para o elegante e longínqüo bairro do Alto de Pinheiros, numa travessa da Av. Pedroso de Moraes, que nem estava pronta e era conhecida como Av. dos Canos, na Rua Dr. Rodrigues Guião, numa casa maior, com quintal, três quartos, salão de estudos, numa rua bem tranqüila. A vida, que já era boa, passou a ser melhor, pois pelo fato de ser uma ruela meio particular e bem longe do burburinho do centro, as crianças faziam do leito da rua o próprio pátio de recreações, e todos pareciam uma só família. Era bem longe do Sumaré, ficava perto da Estrada das Boiadas e, às vezes, pela manhã, havia vacas pastando no jardim de sua avó.

A casa situava-se bem perto da igreja Mãe do Salvador, mais conhecida como Igreja da Cruz

Torta, que seus pais ajudaram a construir. Mesmo morando a 10 quilômetros do fim do mundo, como os amigos diziam, conseguia dar conta de ir ao colégio, participar ativamente da televisão e estudar balé, outra grande paixão de sua vida.

Inicialmente, estudou com Lia Marques, depois com Laura Moretti, na época esposa de Zeloni, a seguir no Kitty Bodenhein e finalmente com Madame Oleneva.

Fazia também curso de inglês, mas sempre arranjava tempo para brincar muito com as crianças da vizinhança e cumprir seus compromissos com a rádio e a televisão. É bem verdade que seu pai dava uma mãozinha levando-a de carro, sempre que possível, e a locomoção era razoavelmente fácil, pois a cidade não tinha ainda esse trânsito infernal.

Mas nem tudo são flores, numa noite de sexta-feira, em meados do mês de fevereiro de 1953, o Chico Dorce prometera uma bacalhoada para seus amigos, daquelas que só D. Mariquinha sabia fazer. Estavam convidados Homero Silva, Túlio de Lemos, Aurélio Campos, Ribeiro Filho e outros, todos *habitués* e fãs dos quitutes saborosos da *patroa*.

As meninas jantaram antes, naquela época as crianças ainda ficavam segregadas em seus cantos e costumavam obedecer a seus pais.

A mesa estava posta, com toalha de linho e *croché* e a melhor porcelana, o vinho *Gatão*, na

parte baixa da geladeira só para resfriar, mas passava das 21h e o pessoal não chegava.

É claro que ainda não se tinha telefone, o mais próximo, só no Largo de Pinheiros, muito distante. A família sem notícias, esperava, sem alarme, pois acostumadas estavam com os atrasos dos artistas.

Lá pelas 22h, chega um carro com Homero e Aurélio, assustados, mas tentando acalmar a família, informaram, constrangidos, que o carro de seu pai tivera um abalroamento com um caminhão dos Correios. O Dorce, disseram, sofrera uma pequena fratura, nada grave, estava no pronto-socorro, sendo medicado e logo voltaria para casa.

Voltou, realmente, só que não tão logo, fora uma tremenda fratura exposta danificando o rádio e o úmero. A recuperação nunca se deu integralmente e foram dois longos anos, custaram-lhe três operações e um enxerto com seu próprio osso, pois o organismo rejeitara todas as tentativas com diversas próteses.

Foi um grande transtorno para todos. O chefe da família, doente; o maestro, impossibilitado de reger a orquestra; o pianista, sem poder tocar piano; como ficariam suas atividades, seus compromissos de trabalho e os financeiros, a casa comprada de pouco, tantas contas!....

Nessa hora, valeu e muito o espírito benemerente de Assis Chateaubriand, criador para seus

Em cena doméstica, com sua mãe, D. Mariquinha

funcionários da *Caixa Médica* – uma entidade mantida pelas Associadas – que fornecia medicamentos, consultas médicas e dentárias, além de hospitalização gratuitas. Algo realmente inédito no Brasil, daquele tempo, permitindo um atendimento de primeira, pois o caso fora muito grave, e apesar do esforço e competência da equipe médica do antigo Hospital São Jorge, situado na Rua da Consolação, a recuperação foi demorada. O maestro perdera parte dos movimentos do braço direito. Depois de muito sofrimento, muita fisioterapia e dedicação, as articulações melhoraram um pouco, mas a seqüela ficou para toda vida.

Foram tempos difíceis, dois anos para o restabelecimento, mas o maestro e pianista deram lugar ao professor e este partiu para aulas de canto, de piano, de violão, até de interpretação e dicção e fonética para futuros atores e locutores a fim de manter a família. A casa virou filial da TV Tupi, pois por lá passavam todo tipo de artistas e aspirantes, ensaiavam-se os teleteatros, ministravam-se aulas de canto, piano, solfejo, músicas e conjuntos musicais eram ensaiados.

O lado bom de tudo isso, porém, foi que com todo o tempo disponível, para se distrair, ensaiava com a filha, dava-lhe aulas de piano e aproveitava para ensinar-lhe mais poesias, contar mais histórias, recomendar-lhe mais ainda o gosto pela leitura, enfim foi um período de

Francisco Dorce, com o braço fraturado, e seu cunhado Oswaldo Bazoni

grande aproximação para todos. Criou-se entre eles um código secreto não decifrado pelos não iniciados. Era como se falassem outra língua. Institui-se também uma linguagem com os olhos, as filhas eram controladas à distância pelos pais e, curiosamente, sabiam o que eles queriam dizer, com simples olhar ou imperceptíveis movimentos da face. Foi essa a maneira encontrada para superar as adversidades. Como não temiam as dificuldades, a família passou por aqueles anos difíceis com galhardia e tudo isso serviu para torná-los ainda mais unidos e fortes.

A vida de artista tem também suas regalias. Corria o ano de 1954, as coisas estavam meio difíceis no solar da família Dorce; achavam todos que o Natal seria muito simples, diferente dos outros, pois o pai, ainda em fase de recuperação, só recebia salário da Tupi, (todo o tempo que esteve em reabilitação a Rádio Tupi continuou pagando-lhe o salário integral), mas era pouco, ele ganhava muito mais trabalhando à noite, nas casas noturnas, no entanto, nas condições atuais, isso era impossível. Veio então o inusitado convite. Uma fã, desconhecida até então, Elza Malzoni convidou toda a família para passar o Natal em sua residência, com direito à presença de um Papai Noel, ceia, com mil delícias e, melhor, um monte de brinquedos. Aquela era uma casa fantástica, mágica mesmo. Tudo falava, tudo cantava!.... As canecas, as caixinhas e as maravilhosas bonecas.

As irmãs Dorce ficaram fascinadas e foram presenteadas com duas bonecas, que além de falar e cantar, tinham cabelo de verdade. Foi um Natal inesquecível. Elza, querida, onde você estiver, obrigada por ter-nos proporcionado essa alegria e por povoar nossa infância com essas doces lembranças.

Conselho não é bom para ninguém, muito menos para as crianças. Elas, mais do ninguém, precisam de ações, de exemplos. Observadora que era, e convivendo com artistas, pessoas especiais e sensíveis, teve a oportunidade de passar por diversas experiências. Notou que no meio artístico havia atores intuitivos, não importando os anos de escola freqüentados, sabiam transmitir a beleza e a poesia dos textos interpretados.

Outros chamavam sua atenção pela capacidade de improvisar, de bem falar, de escrever e dirigir programas, pessoas que tinham algo mais, que se distinguiam, tais como Homero Silva, Cláudio de Luna, Vida Alves, para citar alguns. Coincidência ou não, esses três eram advogados. Os dois sempre eram convocados para apresentar grandes programas, para servir de mediadores em eventos importantes. Vida Alves, além de atriz, escrevia programas e também os dirigia, falava bonito, comportava-se como uma verdadeira dama.

Eles transitavam num mundo diferenciado, sem entender bem por que aquela realidade e aquele modo de vida encantavam e atraíam a atenção da menina.

Sonia e dois companheiros da TV Tupi: Walter Foster...

... e Erlon Chaves

Foi ainda na tenra idade, sem saber muito bem o que isso significava, tomou a seguinte decisão, que perseguiu até o fim: *quando crescer, serei advogada, e tem que ser no Largo de São Francisco, a velha, sempre jovem Academia.* Corria o ano de 1955. Demorou, mas esse sonho se tornou realidade.

Artista não escolhe dia para trabalhar, e havia programas que coincidiam com os feriados, sábados e domingos, datas especiais, época em que as pessoas estão de folga, curtindo o ócio.

Aconteceu algumas vezes de ser escalada para programas no dia de seu aniversário, e os amigos ficavam em casa com bolo e festa, esperando o término do programa; às vezes, eram datas especiais para a família, outras ocasiões, dia de Natal, de Páscoa, de Carnaval e outros afins. Mas era responsabilidade assumida e não dava para recusar.

Num domingo do mês de janeiro de ano de 1962, ela estava escalada para um *TV de Vanguarda*, sob a direção de Walter George Durst. Participaria do programa entre outros atores, um jovem talentoso, que ficou logo seu amigo, pois era ex- aluno do Colégio Rio Branco, e esse fato os aproximara, Tarcísio Meira, que faria par romântico com Geórgia Gomide.

Infelizmente, Geórgia teve um sério problema de saúde e, no sábado pela manhã, foi substituída por Gloria Menezes, que também iniciava seu trabalho na TV Tupi. Glória decorou todo o *script* de um dia para outro, e era uma peça em 3 atos, mas em compensação casou com o mocinho, pois foi, a partir desse programa, que o casal ficou junto definitivamente.

Ocorre que, nessa mesma semana, sua avó fora hospitalizada e seu estado era delicado. D. Carmem era uma pessoa muita querida, que esteve sempre presente em sua vida, ajudou sua mãe a criá-la. Em conseqüência dos ensaios na semana toda, não pôde ficar com a avó como gostaria. Logo cedo, naquele domingo, sua avó viria a falecer. Sonia desempenhou seu papel, ninguém no *set* soube do ocorrido, seu senso profissional falou mais forte, a jovem cumpriu seu dever na íntegra e só, depois do encerramento, pôde participar do velório daquela que lhe devotara tanto carinho e de quem se lembra com muito afeto e saudade, até hoje.

A Pré-adolescência

Começou a ficar mocinha, adolescente não muito desenvolvida, e baixinha, mas mesmo assim, começaram a aflorar os encantos da menina-moça.

Redobravam-se os cuidados do velho Dorce, e suas ordens expressas eram: *Nada de entrar em salas fechadas, com pessoas estranhas, ou ficar* dando confiança *para qualquer um. Namorar, nem pensar, atenção com as roupas, maquiagem*

D. Carmen (à esquerda), e Sonia com sua mãe, a irmã e a avó (acima)

Sonia com Sonia Terezinha Conceição (cujo nome é homenagem a Sonia Dorce) e sua irmã Marcia

só para entrar em cena, (as meninas adoravam pintar os olhos) e assim por diante. *Entrar em carro de amigos, de jeito nenhum. Para sair à noite, ir aos bailinhos, só na companhia de seu primo Sergio, que já era mais velho e tomava conta direito das meninas.*

Nessa ocasião, apareceu um fã obsessivo. Nunca lhe soube o nome. Essa situação inconveniente durou meses, atormentando toda a família. A princípio, começou a enviar fotos. Tudo que a menina fazia e saía no jornal, aparecia em sua casa, em forma de colagem em cartas não identificadas. Depois, foram flores, bombons. Depois roupas, sapatos e, um dia, uma jóia. Declarações de amor, de ódio e, no fim, até ameaça de morte. A família começou a ficar preocupada, pois foi nessa época que começaram, também, telefonemas anônimos, alguns fazendo propostas, convites, outros falando obscenidades. O caso começou a tomar dimensões catastróficas. A família nervosa, a menina em pânico, não atendia mais telefone, ainda não havia aparelhos identificadores de chamada, mas os pais pediram até a interferência da polícia.

Por indicação de um delegado de polícia, amigo da família, a menina marcou um encontro com o fã desconhecido, no intuito de pegarem o farsante e acabar com essa brincadeira desmedida. O local escolhido por ele foi o Aeroporto de Congonhas, pois ele se dizia piloto da *Real*, companhia aérea da época.

Deu certo e deu errado, pois ele não apareceu no encontro, mas por conta do aparato policial que acompanhava Sonia e seu pai, o indesejado fã encerrou sua carreira e não mais incomodou a menina.

Tempos depois, apareceu outro fã, uma rapaz loiro, bem-apessoado, propondo-lhe casamento. O moço deveria ter uns 20 anos e a menina, 16. Disse ao pai dela que era muito rico, na Romênia e propôs-lhe casarem-se. Depois do casamento, iria morar na Europa, pois lá sua família era muito considerada. Ninguém pôde constatar a veracidade dos fatos. Só foi notado que ele tinha as unhas cheias de graxa e sua aparência não era a de um príncipe encantado.

Claro que o pedido foi rechaçado, e o pretendente, muito triste, desapareceu, completamente.

Todos os demais fãs, jamais lhe causaram problemas, só lhe trouxeram alegria com a demonstração de carinho e reconhecimento pelo seu trabalho.

Amigas na adolescência: Rosinha, Marcia (Irmã), Sonia, Gilda e Maria Edith

Capítulo VII
A Participação na Vida Cívica e Política

As idéias não se herdam como se herda um nariz adunco. Adquirem-se, como se adquire um nariz quebrado.

Lewis Brown

As casas de família, antes da televisão, restavam ensimesmadas em seus problemas domésticos. Diante da abrangência do novo veículo, abriram-se para a vida pública.

Com a intensificação da informação, o mundo, o lado de fora da vida, passou a freqüentar a sala de visitas das pessoas, e que começaram a render-se ao fascínio da comunicação, pois, unidas aos sons do rádio, estavam as imagens da televisão.

Houve por parte da população um aprendizado e, depois, uma verdadeira necessidade dessa informação, o que aumentou as vendas de jornais e revistas, e a preocupação com as notícias virou uma constante, a partir de então, divulgadas diariamente pelo Repórter Esso e depois pelo *Mappin Movietone*, na voz de Toledo Pereira.

Foi desta maneira que a política assumiu, aos poucos, papel relevante na vida das pessoas, pois as campanhas políticas e sociais, mesas-redondas e debates, aos poucos começaram a ser transmitidos pela televisão, facilitando o acesso às idéias e plataformas governamentais e propiciando uma interatividade com o público através de contatos telefônicos e cartas. Começaram a aparecer programas como *Mesa-Redonda*, *Pinga Fogo*, *Pingo Nos Is* e outros do gênero.

Os programas não eram tão pacíficos e pasteurizados como os debates de hoje, a empolgação era tanta que muitas vezes a polícia entrava em cena para conter os ânimos e garantir a integridade física dos participantes e de seus cabos eleitorais.

Não se pode dizer que a menina já tinha convicções políticas, mas em compensação, por ela, tinha-as de sobra, seu pai. Ele sempre fora meio anarquista, meio socialista, mas sempre um leitor interessado nesses assuntos e nunca se omitiu, manifestava sempre sua opinião, e às vezes, essa franqueza causava-lhe dissabores. Ele tinha mania de comprar livros, e sua biblioteca era repleta de volumes sobre o tema – história, políticos e política e alguma coisa de literatura também.

Apesar da pouca idade, Sonia era sempre convidada a participar de inaugurações de locais públicos, de bibliotecas, creches, solenidades cívicas. Até que no dia 19 de novembro de 1951 foi-lhe feito um convite oficial pelo presidente da Comissão Executiva da Festa da Bandeira, General Waldemiro Pereira da Cunha, para participar das celebrações na Praça da Bandeira (naquela época ainda havia uma praça no local), no começo da Av. Nove de Julho, por ocasião do grande desfile militar. Ela fez um discurso escrito por seu pai, saudando o pavilhão nacional, no meio de uma multidão de pessoas. Esse foi seu batismo na vida cívica – enfrentando uma grande platéia no meio da avenida, seguido de parada militar. Convenhamos que, aos sete anos de idade, encarar uma praça pública, repleta de pessoas, para discursar, é algo considerável.

Continuando essa caminhada, em 1952, Homero Silva se candidata, pela primeira vez, a vereador pela cidade de São Paulo, seu *slogan* era o *Amigo das Crianças*, por causa de sua atuação no Programa *Clube Papai Noel* e de seu trabalho, de longa data, em prol das crianças. Apesar de Chico Dorce não compartilhar integralmente as idéias do partido escolhido por Homero, a UDN, partiu de corpo, alma e família para a campanha eleitoral do amigo.

Comentário em jornal sobre o lançamento da campanha eleitoral de Homero Silva:

Eloqüência
Quem lançou a candidatura foi essa garota-prodígio que se chama Sonia Maria Dorsey (sic), como fala bem a menina, não disse um erro. Colosso! Se ela crescer com vocação para a política, irá longe. Sei de muitos vereadores que levariam quinau da menina...

(Lauro D'Agostini - Folha da Noite)

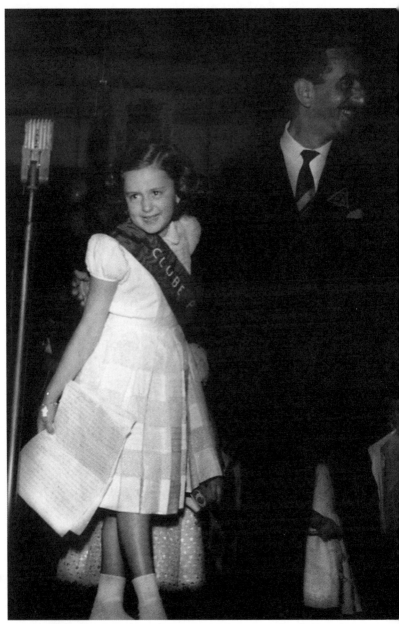

Sonia discursando no lançamento da campanha de Homero Silva a vereador

As campanhas políticas, sobretudo as de vereador, eram muito diferentes das da atualidade. Não havia tempo disponível na televisão, em compensação, fervilhavam os *jingles* nas rádios e os comícios em praça pública.

Homero Silva era sobejamente conhecido pelo grande público, em vista de seus longos anos de trabalho nas rádios paulistas mas, mesmo assim, teve que lutar bastante para conseguir se eleger.

Todos seus amigos, familiares, correligionários, as famílias dos participantes do Programa *Clube Papai Noel* e fãs empenharam-se nessa batalha.

À noite, Chico Dorce enchia seu carro de panfletos e cartazes que eram colados nos postes e muros da cidade por ele e uma turma, especialmente composta dos seus sobrinhos Sheila e Sergio, com a ajuda de D. Mariquinha, das meninas, do Homerinho e D. Yolanda e Célia, família do candidato. A cola era feita pela avó Carmen, uma mistura de farinha de trigo, tinha um cheiro ruim e ainda era preciso levar uma escada, pois os cartazes deveriam ser colados bem no alto, para não serem facilmente rasgados na manhã seguinte.

Às vezes, a turma usava uma caminhonete emprestada e todos iam meio temerosos, pois o Chico Dorce nunca fora bom motorista e, dirigir caminhonetes não era seu forte.

Os comícios eram muitos, espalhados pela cidade, no centro, nas casas das pessoas, nos bairros mais longínquos. Não se escolhiam os lugares, todos eram bons. Nos palanques, sempre se arranjava um banquinho para Sonia Maria poder subir e fazer seu discurso pedindo votos.

No dia da eleição, a dúvida no ar: *Que emoção, será que vai dar?*

O carro lotado de *santinhos*, de lanches, de refrigerantes, de cédulas para munir as banquinhas. Naquela época, o eleitor punha num envelope a cédula com os nomes de seus candidatos. Então, armavam-se pequenas bancas em frente aos locais de votação, oferecendo as cédulas. Percebe-se que não havia proibição à chamada *boca-de-urna*, pelo contrário, fazia parte da competição. Na frente das banquinhas, em diferentes locais de votação, os artistas, os amigos e a turma do *Clube Papai Noel*, entre elas a pequena Sonia. Era uma alegria, e muito interessante ver a pequena convencendo os eleitores a votar no seu amigo, explicando sua plataforma política.

Foi esse seu batismo político e deve vir daí também seu grande respeito pela coisa pública e sua compreensão da importância da participação na vida política, ainda que somente como eleitora. Tomou gosto e participou de muitas outras campanhas políticas. Sempre contestando, brigando, cobrando posição e coerência dos candidatos. Árdua missão.

Um fato bizarro ocorreu após a primeira eleição de Homero Silva para vereador. Todos os seus amigos empenhados em sua vitória foram convidados para participar de um banquete para a celebração do retumbante feito.

Muito recentemente Georges Henry e seu irmão Roger tinham inaugurado um restaurante francês no Largo do Arouche, *La Casserole* (ainda está lá*)*, que virara ponto de encontro de artistas e celebridades. O lugar era refinado (e ainda é), com pratos especiais, criados por sua cunhada, Fortunée, recém-chegada da *douce France.*

No dia marcado, estavam todos presentes desde seus amigos da Tupi, os correligionários, dos mais significativos aos mais simples cabos eleitorais. O problema começou na hora dos aperitivos, bastava o garçom oferecer algo meio sofisticado, drinques misturados com champanhe ou licor francês, canapés com caviar ou *foie gras* ao que algumas pessoas, as mais simples, não aceitavam, desconfiadas. por não lhes conhecer os nomes e origens.

Todos a postos, vai ser servida a refeição. Na mesa, o aparato do serviço à francesa estava presente, profusão de flores, candelabros de prata, talheres e copos em abundância e as pessoas perdidas no meio daquela parafernália toda.

O Chico Dorce percebeu o constrangimento causado pela dúvida de qual talher escolher, de qual copo se servir, enfim... Então resolveu ajudar os convivas, mas o William Forneaud, para brincar e embaraçar ainda mais os incautos, começou a atrapalhar os talheres e os pratos. Conclusão, a noite que era para ser de festa e alegria, foi um verdadeiro terror. O pessoal saiu mais cedo e foi realmente comemorar na *Cantina Balila*, no Brás, onde não havia tanta cerimônia e os pratos da culinária italiana eram velhos conhecidos de todos.

A participação dessa turma amiga repetiu-se nas outras campanhas políticas de Homero Silva.

Por ocasião da posse de Jânio Quadros, em 1953, na Prefeitura do Município de São Paulo, Sonia Maria – que participara ativamente da campanha, pois seus pais eram muito amigos de Porfírio da Paz e de D. Filhinha, sua esposa –, foi convidada para fazer a saudação ao novo prefeito e seu vice.

O ato cívico ocorreu na Câmara Municipal, que na época ocupava um imponente e tradicional edifício na Rua Líbero Badaró, infelizmente demolido. Numa sala imensa, repleta de autoridades, onde havia uma mesa com tampo de cristal reluzente foi dado início à cerimônia. Em certo momento, comandada por seu pai, Sonia Maria subiu em cima dessa mesa e proferiu um discurso saudando os recém-eleitos. Jânio e Porfírio ficaram muito comovidos, pois nada daquilo estava previsto e deu-se a primeira quebra de protocolo da gestão do novo prefeito. Mas ninguém se importou.

Jânio realizou uma administração austera e moralizadora, sem apadrinhamentos, atendimentos de pedidos ou concessões. Mas, meses após sua posse, fez uma viagem ao exterior, bem a seu gosto, e Porfírio da Paz assumiu o cargo como prefeito em exercício. Lá se foram, pai e filha visitar o novo alcaide. Corria aí o ano de 1954 e seu pai estava com o braço engessado, recuperando-se de um grave acidente automobilístico ocorrido há pouco. Tão logo o oficial de gabinete informou a presença da pequena Sonia, as portas foram abertas e exigido pelo prefeito: *Tragam sorvete de chocolate para a ilustre visitante.*

Sempre que Soninha visitava a residência da família da Paz, o casal, que não tinha filhos, encantava-se com a garota, e a mimavam muito, para desespero de seus pais. Sempre havia uma boneca nova, um bichinho de pelúcia e muito sorvete de chocolate, iguaria adorada por ela, que sua mãe lhe negava, com medo de resfriados indesejados, que podiam desencadear as temidas crises de asma. Naquele dia, havia um plano, maquiavelicamente entabulado pela família Dorce.

Assim, foi formulada a tão esperada pergunta pelo novo prefeito: *Minha pequena, que presente eu posso lhe dar? – Boneca, jogo de chá, quebra-cabeça?* Ao que a menina escolada, prontamente respondeu: *Nada disso. Eu quero um telefone, de verdade!*

– Ah! Chico Dorce, bandido, ensinando a guria!

Mas a verdade é que o telefone saiu. Era difícil ter-se um telefone na São Paulo daqueles tempos, simplesmente não havia linhas. Foi puxado um cabo da Rua Teodoro Sampaio, muito longe, mas tal situação foi justificada porque o Dorce era radialista, precisava do telefone para seu trabalho e, ainda por cima, estava convalescente.

Eis que, num belo dia de maio, lá estava o aparelho reluzindo de novo, recém-instalado, com o número 80-8789.

As meninas penduravam-se por infinitas horas naquele aparelho. Tornou-se um verdadeiro telefone de utilidade pública, pois sendo um dos poucos da região, muitas pessoas amigas, ou simplesmente conhecidas, utilizavam-se dele.

Lá pelo início de 1953, formou-se uma comissão para tratar das celebrações do IV Centenário de São Paulo, que ocorreria no ano seguinte. O presidente da comissão era o Dr. Enéas Machado de Assis, que logo convocou a menina para participar.

Ela declamou poesias alusivas à data em diversos pontos da cidade e participou durante o mês de janeiro da maravilhosa *Chuva de Prata*, que cobriu os céus da cidade, patrocinada pela família Pignatari e, no dia 9 de Julho por ocasião da grande festa na Praça Dom Pedro II, recitou o célebre poema de Guilherme de Almeida – *Bandeira das 13 Listas* – combinada com poesias de Manoel Bandeira e Colombina.

E veio a campanha das placas do IV Centenário, que eram vendidas pelos artistas, e a presença dela era sempre requisitada por fãs. Tornou-se um marco de civismo as casas ostentarem as mencionadas placas com a bandeira das 13 listras. Ainda é possível ver-se na frente de casas mais velhas, as desbotadas placas, demonstrando o civismo dos antigos moradores.

O jornal *A Hora*, de Denner Medici, em 1953 iniciou uma campanha para ajudar menores carentes, *Campanha do Cruzeiro*, arrecadando fundos para compra de ambulâncias idealizada pelo jornalista Paulo Barbosa.

Lá estava Sonia Maria, à frente da caravana, e mais de dez ambulâncias foram doadas para comunidades, pois se conseguiu mobilizar não só a população como também as empresas, que foram solidárias à idéia, iniciando um programa de cooperação com postos de saúde da capital.

Inspirado no movimento de arrecadação pública para as crianças carentes, o jornal *Diário da Noite* iniciou uma campanha para donativos de livros, para formação de bibliotecas em escolas públicas da periferia.

Madrinha do movimento, Sonia Maria conseguiu, ao longo dos anos, formar mais de 20 bibliotecas em escolas municipais em São Paulo e em outras tantas no interior paulista.

No ano de 1954, o prefeito da cidade de Sorocaba convidou Sonia Maria para ser madrinha na campanha para arrecadação de livros para bibliotecas públicas. A campanha deu ótimo resultado e, em seis meses de trabalho, foram implantadas oito bibliotecas públicas dentro das escolas municipais urbanas e rurais da região. A prefeitura comemorou o feito com uma grande festa da qual participaram também os cantores e artistas da TV Tupi. Naquela ocasião, visitavam a cidade o astro de Hollywood Glenn Ford e sua mulher Eleanor Powell e o filho do casal, Peter, interessados em comprar terras e possivelmente rodar um filme no Brasil. Não sei se seu primeiro intento se realizou, o segundo, tenho a certeza que não. Mas o importante é que a festa foi muito bonita, e a menina acabou entregando as chaves da cidade para o astro internacional, que se encantou com a ela e convidou-a para ir para os *States* rodar um filme com ele. Não se pôde constatar a seriedade do convite, pois seu pai nem quis ouvir o resto da conversa e disse um veemente e peremptório *não*.

Sonia Maria, já com 14 anos, ainda estava comprometida com o movimento de criar bibliotecas públicas para crianças e adolescentes. Certa vez, foi convidada para inaugurar uma biblioteca infanto-juvenil, numa escola pública e apresentar um show na cidade de Tietê. O autor do convite foi o compositor e amigo da família Fred Jorge, que tinha amigos e familiares na cidade.

Lá foram, em caravana, os cantores, a jovem, sua irmã e sua prima Sheila, responsável pelas meninas, pois sua mãe estava adoentada e seu pai tinha compromissos de trabalho, na capital. Pelo fato de a cidade ficar distante e o espetáculo ser à noite, foi oferecido alojamento aos artistas, na fazenda do prefeito da cidade.

Por razões desconhecidas, não chegou a frasqueira de Sonia Maria, que além de conter objetos de uso pessoal, armazenava o estoque de remédios contra a asma, que sempre tomava à noite.

Esse fato só foi notado, quando todos já estavam acomodados na fazenda, longe da cidade e bem tarde da noite. Sonia passou muito mal, não conseguia dormir, em crise de asma, e todos na casa, solidariamente permaneceram acordados, assustados, pois presenciar uma crise de asma é algo terrível, ruim para quem sofre e terrível para quem assiste.

Lá pelas tantas, desesperado com o sofrimento da menina, o prefeito decretou: *Vão até a cidade, acordem o farmacêutico e tragam todos os remédios necessários.*

Com a chegada dos remédios a menina melhorou, pois, pelo fato de a asma ser uma doença de fundo psicológico, só a idéia da falta dos medicamente, desencadeia, por si só, uma crise (esse foi um dos poucos shows de sua vida pelo qual recebeu cachê, e quase que não valeu a pena). Infelizmente, essa doença a acompanha até os dias de hoje, sempre que tem um grande problema, submetida a grande tensão, ou exposta a fatores alergógenos, a crise se desencadeia.

Quando Jânio Quadros se elegeu governador, D. Eloá, sua esposa, que se encantara pela garota de há muito, volta e meia convidava-a para um chá no Palácio dos Campos Elíseos. Era o máximo ser conduzida por aqueles imensos carros pretos oficiais, que buscavam-na e à sua irmã e depois traziam-nas de volta, pois era visita oficial. As duas sentiam-se um pouco *Cinderela*, cruzando aqueles magníficos corredores cobertos de tapetes, quadros e peças raras. As meninas brincavam a tarde toda pelos jardins, quando a Tutu, filha do governador, chegava – ela estudava à tarde – os locais mais secretos do palácio eram descobertos pelas três, deixando os seguranças aflitos, pois não encontravam as garotas. D. Eloá era muito carinhosa com as meninas, sempre tinha um doce especial, ou um brinquedo diferente para ofertar e isso acabou provocando ciúmes em sua filha. Repentinamente os convites foram suspensos. Acabou-se a mordomia.

Ao longo de sua carreira, foi agraciada com troféus, medalhas e diplomas em reverência ao seu desempenho artístico e também pelas campanhas benemerentes que abraçou. Recebeu o reconhecimento de escolas, hospitais, creches por onde lançou essas pequenas sementes. Certamente, nesses primeiros tempos foram forjados as idéias e o interesse pela política, pela coisa pública e o apurado senso de cidadania, sedimentados nos tempos universitários e que a acompanham até os dias de hoje.

Em anúncio da Casa Clô

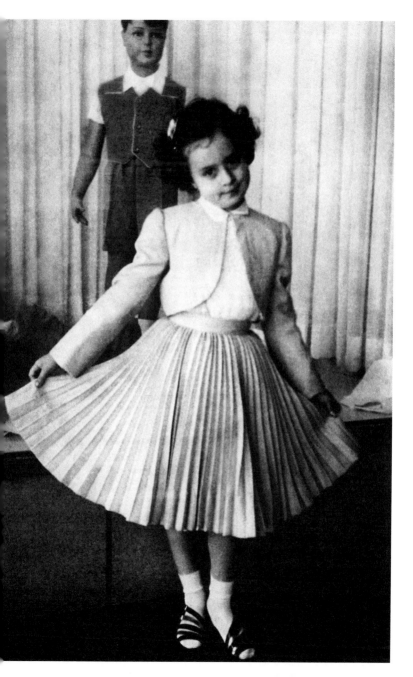

Capítulo VIII
Os Patrocinadores e os Comerciais

O que mata o gambá é a publicidade que ele faz de si.

Lincoln

No início da televisão, não havia preocupações com patrocinadores e, por conseguinte, nem com o Ibope. Tempos adoráveis em que os programas valiam por si só, pelo valor artístico de uma encenação. Será possível crer-se nesta assertiva? Mas era assim mesmo que acontecia. Vantagens do pioneirismo.

Os primeiros comerciais foram surgindo aos poucos, mais ou menos como se fazia no rádio, *reclames* cantados por cantores famosos, e as apresentações dos produtos pelas adoráveis garotas-propaganda, que eram a sensação do momento, resistir – quem há de?

Um dia, seu pai foi procurado na Rádio Tupi, na sala nº 3, que dividia com Homero Silva, pela Sra. Clotilde, mais conhecida como Madame Clô, proprietária da *Casa Clô*, uma loja especializada em roupas infanto-juvenis. A loja chamava-se *Casa Clo – enfants et jeunesse* (que chique!), situava-se na Rua Bráulio Gomes, quase esquina com a Rua da Consolação, na sobreloja, pegada à Biblioteca Mário de Andrade. Era uma casa de alta-costura infanto-juvenil, as roupas, da mais alta qualidade, feitas para a nata da sociedade paulistana, e em cujo estabelecimento sua mãe jamais pudera comprar um vestido para a filha, pois os preços eram proibitivos. O caso é que a empresária veio oferecer-se para vestir a garota em suas apresentações na televisão, em troca de divulgação e propaganda da loja. Era o embrião do *merchandising*.

Chico Dorce disse que iria consultar sua filha, falou, só para não dar o gostinho de aceitar imediatamente, pois isso representaria uma grande economia para a família. E, assim, foi feito, a partir de então, meados de 1951. Sonia Maria virou *fashion* vestida por Madame Clô, transformou-se também em garota-propaganda da loja.

A seguir, a loja interessou-se por fazer um comercial de verdade. Foi feito o que se chamava *jingle* – uma melodia, especialmente composta, no caso com letra e música de seu pai e um filme, que passava na televisão.

A letra era assim: (*Lucinha Mendonça, sua querida, saudosa, mas sempre presente amiga, mulher de Marcos Mendonça, sua colega dos tempos do Colégio Rio Branco e também da Faculdade de Direito, todas as vezes que a encontrava cantava o refrão da melodia. É até possível que alguma vetusta pessoa, mas de boa memória, possa lembrar-se da musiquinha*):

Alô, papai, papaizinho, alô,
Venha cedinho pra casa
Que eu estou tão bonitinha,
Com meu lindo vestidinho da Casa Clô

Entrava a voz de Homero Silva:

Clô, etiqueta de valor!

Segundo contou-lhe, certa feita, Fernando Severino, diretor comercial da Tupi, este foi um dos primeiros comerciais feitos fora do *pool* de empresas associadas e empreendedoras da TV Tupi. Havia na época um conjunto de empresas que se juntaram a Assis Chateaubriand para tornar possível a vinda da televisão para o Brasil, e eram esses os anunciantes oficiais. Aos poucos, foram aparecendo outras empresas. Outro marco de seu pioneirismo.

Assim, Sonia Maria viu-se envolvida pela propaganda, inicialmente pela *Casa Clô*, depois vieram outras, como da *Rodhia*, dos *Biscoitos São Luiz*, do *Canguru Mirim, Casas Pirani, Loja Sears, Meias Bresser, Lingerie Valisère* – que criara uma linha infantil inspirada na garota –, *Brinquedos Estrela*, depois *Brinquedos Trol, Casa Bambini, Sadia, Casas Eduardo* e *Eduardinho, Foto Léo, DrogaNossa, Cássio Muniz, Casa Mappin, Gessy, Lever, 3 Leões, Frigidaire, Marcel Modas, Companhia Antarctica Paulista* – para o lançamento do Caçulinha –, *Moinho Santista, Leite Moça da Nestlé, Chocolates Lacta, Companhia Paulista de*

Refinadores – Açúcar União –, Chocolates Dizzioli e tantos outros.

Na época, não se costumava pagar altos cachês pelas propagandas feitas. Os contatos eram feitos pelas agências de publicidade, que combinavam com os atores o texto, hora e filmagem ou a inserção nos programas. No caso de Sonia Maria, os pagamentos sempre foram irrisórios, simbólicos, mesmo. Mas em compensação *choviam* as espécies, objetos das propagandas.

Eram roupas, sapatos, brinquedos, grande partes deles distribuídos entre as crianças pobres, produtos de cozinha da *Nestlé*, da *Sadia*, refrigerantes, chocolates uma delícia!

Quando fez 10 anos, o *Mappin* ofereceu-lhe um chá no tradicional recinto no último andar, na Praça Ramos de Azevedo, com serviço de prata, porcelanas, música ambiente, ela convidou todos os seus amiguinhos, uma glória.

Encerrado seu compromisso com a *Casa Clô*, por volta de 1953/54, começou fazer propaganda para a *Casa Bambini*. O comercial era feito nas intersecções do programa *Fábulas Animadas*, de Tatiana Belinky e Júlio Gouveia, às segundas, e no *Sítio do Pica-pau Amarelo*, às quartas-feiras.

O *slogan* da casa era: *pequena por fora, mas graaaande por dentro*. Pois a loja, situada na Rua São Bento, constituía-se de pequenina entrada, mas no subsolo tinha um enorme salão.

As crianças inscreviam-se para participar do comercial, pois ficavam em cima de um praticável e quando Sonia falava como era grande a *Casa Bambini* abria os braços e as crianças caíam no chão. Os lugares dos tombos eram muito disputados.

Depois do programa, os artistas mirins e a família Zilberkan, (o saudoso Jankiel, o patriarca), proprietária da *Bambini*, com os filhos Florinha e Décio, iam todos comer pizza nas cantinas do Bom Retiro.

Às vezes, por ocasião de algum lançamento de um vestido ou outro produto especial, Sonia Maria ia dar autógrafos ou mesmo tirar fotos com o fotógrafo Viotti, com os compradores. A loja ficava lotada de crianças e de curiosos para verem a atriz mirim e conseguirem seu autógrafo.

Por ocasião do lançamento de seus discos, também ia à *Casa Pirani*, situada na Av. Celso Garcia, chamada *A Gigante do Brás*, igualmente para autografar fotos e discos. Também ficou amiga da família Pirani, que visitava nas tardes de domingo, para um jogo de bola ou um banho de piscina.

Certa feita, no ar ao vivo, Sonia Maria, depois da exibição da novela *De Mãos Dadas*, convidou seus amiguinhos para estarem com ela, no dia seguinte, na *Casa Bambini*, por volta das 15h, onde estaria recebendo os amigos, vendendo seus discos e autografando fotos. Mas, na verdade, a pequena estaria na *Casa Pirani*, pois era o lançamento de seu disco para o Dia das Mães.

Ninguém, nem mesmo seu pai, estava atento a tudo, percebeu a troca de endereços feita no ar pela menina.

Pois bem, no dia seguinte, estavam todos a postos na *Casa Pirani*, no Brás: a imprensa, repórteres de rádio, enfim os profissionais indicados para registrar o fato e só vieram algumas pessoas, compradores habituais da loja. Onde estavam os fãs de Sonia Maria, que geralmente lotavam os lugares por onde ela passava? Seria o fim precoce de seu prestígio? Não apareceu ninguém! Enquanto isso, uma fila imensa começava a se formar na Rua São Bento, em frente à *Loja Bambini*, sem que ninguém entendesse por que. Quando se percebeu o engano, alguém ligou para a *Pirani*, pedindo que viessem urgentemente para a *Bambini*, pois havia princípio de tumulto na porta.

Por volta de 1954/55, começam a popularizar-se as geladeiras, vindas da América do Norte, sobretudo as da marca *Frigidaire* no Brasil, Sonia Maria virou garota-propaganda. Foi um dia intenso de gravação na loja *3 Leões*, na Av. São João. Ao fim da gravação, um dos proprietários disse para ela escolher o que quisesse dentro da loja. A pequena olhou para seu pai, pedindo uma sugestão. Como naquele espaço só havia geladeiras e televisores, o pai ficou tranqüilo, pois qualquer desses produtos seria um bom pagamento.

Olhou em redor e viu que dentro da geladeira havia frutas e algumas tigelas de plástico, quinquilharias, em verdade, mas ela tinha (tem até hoje) paixão por plásticos em geral, e aqueles eram produtos americanos que ainda não estavam disponíveis no mercado nacional. Encantada com aqueles objetos, não teve dúvidas, agarrou-se àquele monte de plástico e disse: *Quero isso!* Risada geral! Seu pai quase teve um colapso. Mas os patrocinadores enviaram-lhe uma geladeira novinha e deram-lhe também um broche de ouro, pérolas e brilhantes, representando uma coroa, que era o símbolo da marca.

Muito se fala sobre a tirania do patrocinador atualmente, dando oportunidade para a verve de Paulo Autran criar a seguinte frase: *O teatro é a arte principalmente do ator, o cinema é a arte do diretor e a televisão é a arte do patrocinador.*

Surgiu até mesmo uma chacota, incessantemente repetida por volta dos anos 60: *O televisor é um corretor que mora na casa do comprador.*

Os comerciais na televisão, no final dos anos 50, eram intermináveis e serviam muitas vezes como *tapa-buracos*, ou mesmo para ajeitar-se alguma gafe cometida pelos artistas. Por vezes, o telespectador era submetido a um tempo imenso de anúncios, até que se consertasse um problema técnico ou um artista atrasado conseguisse chegar. Em 1961, um decreto presidencial limitou o intervalo comercial a apenas 3 minutos.

Os produtos eram oferecidos por irresistíveis garotas-propaganda que encantavam o sonho de consumo dos telespectadores. A primeira delas foi Rosa Maria, depois vieram Marlene Morel e a *Tentação do Dia* das *Lojas Marcel Modas*, Sonia Greiss, Odete Lara fazia a propaganda das *Lojas Mappin*, Irenita Duarte, que acabou eleita *Miss Televisão*, Nely Reis, Neide Alexandre, Marly Bueno, Jane Batista, Elizabeth Darcy, Wilma Chandler, Idalina de Oliveira, Neusa Amaral, Meire Nogueira, Ana Maria Neumann, Marlene Mariano, Márcia Maria, Vininha de Moraes, até mesmo, Vida Alves sucumbiu aos encantos dos produtos e foi apresentá-los diante das câmeras, e a própria Sonia Maria também.

Um dos patrocinadores da novela *48 Horas com Bibinha* foi a família Simonsen, que na época representava a *General Electric* e a fábrica de automóveis *Austin*, no Brasil, que fabricava o modelo *Morris*.

Conclusão: Francisco Dorce, Vida Alves, (uma das poucas mulheres que dirigiam na época, moderninha a moça!), Cassiano Gabus Mendes, Aurélio Campos, Ribeiro Filho obtiveram um financiamento muito favorável e lá estavam todos ostentando seus carrinhos novos em folha. Foi um verdadeiro movimento coletivo para a aquisição dos carros, como acontece nas grandes famílias.

O nosso era cinza, uma graça. Complicado era fazer o Dorce prestar atenção na direção, sonhador que sempre fora, com tantas coisas passando na sua cabeça, e as moças bonitas também, eram um terror! Fazia-se necessário um co-piloto, de plantão e atento, para chamar-lhe a atenção: *Olhe o farol! Cuidado o carro! Não corra! Olhe o poste! Pare! Ande!,* enfim.... Essa função era dividida entre D. Mariquinha e a prima Sheila. A culpa era sempre dos outros. Com o passar do tempo e algumas batidas, ele acabou aprendendo.

Certa vez, na volta de um *show* na cidade de Santos, era uma noite feia, com muita neblina e chuva fina, o motorista, meio cansado, quase dorme na direção.

Foi o grito da prima Sheila que despertou o Chico Dorce e os passageiros. Apesar de ser muito tarde da noite, ninguém mais cochilou naquele carro. Depois, vieram outros automóveis, até um *Fiat*, o último deles, apelidado de Francisquinho, mas não tinham o charme nem o encantamento do primeiro. Os patrocinadores acabavam ficando amigos dos atores patrocinados, e assim, Sonia Maria passou a freqüentar a casa da família Simonsen, uma mansão no Jardim América. Foram muitas tardes deliciosas e muitos banhos de piscina.

Os veículos de comunicação têm suas formas peculiares de transmissão. Na época do aparecimento do rádio, disseram que doravante o teatro estava morto. Da mesma forma que se rejeitava o cinema falado, logo nos primeiros tempos de seu aparecimento. Quando a televisão aportou por estas bandas, a constatação era de que o cinema estava com os dias contados, acabaria em pouco tempo. Ninguém mais deixaria o conforto de seu lar para ir ao cinema, podendo, praticamente, tê-lo à sua mão. Tal profecia resultou incorreta, Hollywood e mesmo o cinema pátrio continuaram suas produções, as de lá cada vez mais bem elaboradas e sofisticadas e as nossas aprimorando-se e seguindo as vertentes nacionalistas. O cinema nacional teve a chance de ver florescer nas décadas de 50/60 uma realidade cinematográfica única, sobretudo com o cinema novo de Glauber Rocha e de tantos outros talentosos diretores, e atualmente, renova-se com os diretores e artistas reconhecidos internacionalmente.

Além de ser pioneiro na televisão, Mazzaropi também o foi no cinema. Consegui cativar um público fiel, dos adultos às crianças, e lotar os cinemas por onde apareciam seus filmes, mantendo-se sempre como o caipira inocente, que ao invés de ser enganado, no final, levava sempre a melhor e ainda casava com a mocinha. Criou uma companhia cinematográfica a – *PAM – Produções Artísticas Mazzaropi*, em Taubaté, depois da sua morte, acabou transformado em hotel fazenda e centro de memória.

Nas décadas de 80/90, o cinema descobriu um filão maravilhoso – a platéia infantil. Foi a safra dos filmes dos *Trapalhões*, fusão de aventuras e romances, no estilo leve e romântico como as antigas e deliciosas chanchadas dos bons tempos da Atlântica. Depois vieram as comédias românticas estreladas pela Xuxa.

Nem mesmo essa *teenager,* ou já devemos chamar de *jovem senhora* – a *Internet* – ameaça, nem a televisão, nem o rádio, nem o livro, nem o jornal. Cada meio de comunicação continuará a ter seu espaço no mundo civilizado. Só não sei precisar por quanto tempo, eles ou nós permaneceremos civilizados.

Com Claudia, Gilda e Marcia, na casa do Horto Florestal

Capítulo XI
A Adolescência e os Costumeiros Conflitos

A juventude é boa demais para ser desperdiçada com os jovens

Bernard Shaw

Trilhar novos caminhos para alguns é como andar sobre o fio da navalha, há pessoas que se iniciam em novas atividades com obstáculo e muito esforço.

Não foi o caso de Sonia Maria; seu caminhar na vida artística deu-se com muita naturalidade, sem concorrência ou julgamentos. As coisas fluíram tranqüilamente, a rádio e a TV Tupi eram desdobramentos de sua casa. Seu pai atuava com intensidade nas Rádios Tupi e Difusora, ela estava por ali, meio disponível, foi entrando, foi chegando, foi ficando.

Assim, não houve disputas, filas de espera, ou aqueles célebres: *Volte amanhã..., Deixe seu nome..., Volte mais tarde...*, nem testes, não foi preciso seduzir ninguém, pelo contrário, os diretores e produtores é que foram seduzidos pelo talento e graça da pequena.

Mas a verdade é que, com o passar dos anos, a situação modificou-se, o talento não diminuiu, muito menos os dotes artísticos. O que ocorreu é que os tempos começaram a mudar, outras crianças começaram a chegar, fazendo também sucesso em suas apresentações e o que era novidade tornou-se corriqueiro tanto para os telespectadores quanto para a garota, agora já menina-moça. É bem verdade que a emissora não soube, ou não se interessou em investir no talento da menina, que sem uma agência ou empresário especializado (elemento desconhecido naqueles tempos), que a empresariasse e conduzisse sua carreira, como ocorre hoje em dia. Foi ficando difícil manter espaço para a televisão, nos padrões de outrora.

Sentia um desconforto em representar certos papéis que a idade lhe impunha, e havia também a não aceitação, da parte do público, pela nova figura que surgia – a adolescente.

O público apaixonara-se pela criança, que fazia papel de adulto, que chorava, sem artifícios, que improvisava, que os fazia rir e chorar com naturalidade. Aceitar a jovenzinha que chegava não era tarefa fácil, para ambos os lados.

A televisão começara desenvolver uma forma mais rápida e consumista de programas, exigindo cada vez mais a renovação com seus artistas. Nada parecido com os dias de hoje, é claro, mas havia muito rostinho novo aparecendo e o público e os diretores querendo sempre mais novidades.

Começou a perceber que não havia personagens especiais para ela, agora geralmente fazia papéis secundários, de coadjuvante, sem muita importância. Estava virando *móveis e utensílios*. Realmente não era esse seu objetivo na vida.

A adolescência é um período, por si só difícil de transpor, sendo uma figura pública como era, sentia-se muito exposta à curiosidade alheia, tudo que fazia virava notícia e aqueles eram, em verdade, os anos dourados, mas eram também os anos de muita repressão por parte da sociedade e nem tudo era permitido a uma senhorinha de boas maneiras, sobretudo oriunda de tradicional e rigorosa família italiana.

Quando ia a uma festa era o foco principal da atração dos presentes. As outras meninas comentavam, entenda-se, criticavam seu vestido, sapato ou penteado, os meninos, por sua vez sentiam-se intimidados em tirá-la para dançar com medo de *levar tábua*.

Sim, naquela época as mocinhas esperavam os rapazes convidarem-nas para dançar e não ficava bem se expor ao máximo, oferecendo-se. Convenhamos que dançar com uma celebridade era uma façanha. Passado o desconforto dos primeiros momentos, todos acabavam enturmando-se, mas não era fácil enfrentar certas situações.

Por isso, muitas vezes, apesar da grande insistência de sua irmã, Sonia Maria preferia ficar em casa, lendo ou ouvindo música com um grupo pequeno de amigos ou fazendo sua festinha íntima, especialmente aquelas das tardes de sábado, na casa da Gilda, no Horto Florestal, lendo poesia em cima das árvores.

Passou a ser difícil enfrentar pequenas aglomerações, sala de espera de cinema, restaurantes, lanchonetes, por exemplo, pois as pessoas se viravam, encaravam, apontavam. O assédio do público, que era engraçado, bem-vindo, na infância, passou a ser extremamente desagradável naquele momento. Talvez, porque esse período da vida dos jovens seja de introspecção e autoconhecimento, sentir-se uma pessoa pública desagradava-a muito.

Conversou com Cassiano, uma ocasião, sobre esse assunto e pediu-lhe para afastar-se um pouco da TV e participar mais de novelas de rádio, como uma forma de se esconder um pouco.

A própria televisão estava mudada, com o advento do videotape, as gravações perderam muito seu encanto, as cenas eram mais demoradas, repetia-se muito, pois os atores e técnicos permitiam-se errar e refazer a cena, quantas vezes fosse preciso. Esse procedimento todo foi-se tornando enfadonho, seu foco de atenção estava centrado em outro lugar – seus estudos. Em via de concluir o curso clássico (o segundo grau daquele tempo), visualizando a Faculdade de Direito, começou a perder o entusiasmo pela televisão.

Sentia-se um pouco da *velha-guarda*, meio deslocada, meio esquecida de seus fãs.

Além disso, os papéis ficaram cada vez mais escassos, pois por imposição de seu pai, Sonia Maria não fazia cena de beijos, papéis picantes, ou violentos, e sua atividade foi ficando cada vez mais restrita.

Em cena da peça Magda, *do* Grande Teatro Tupi, *com Elke Alves*

Outras crianças foram chegando depois dela, como os mencionados Adriano Stuart, David José, queridos amigos, conservados até hoje, a Verinha Darcy, irmã do Silvio Luiz e filha de Elizabeth Darcy, que com sua graça e talento, encantou os telespectadores, Débora Duarte, filha de Marisa Sanches e Lima Duarte, que continua brilhando até hoje; havia por lá um jovem louro e magrinho, meio arredio, que começou fazendo figuração e depois por sua tenacidade e talento fez brilhante carreira: Fulvio Stefaninni. Aos poucos, a partir dos anos 60, começou a chegar uma geração mais juvenil – Susana Vieira, que em verdade se chama Sonia, mas por sugestão do Cassiano, mudou seu nome, pois, duas *Sonias* na emissora eram demais, Patrícia Mayo, Guy Loup, Lisa Negri, Cláudio Marzo, Walter Negrão, o Tatá – Luiz Gustavo –, que apesar de veterano e da velha-guarda, jamais perdeu o encanto da juventude, formavam um elenco muito animado, e a amizade entre o grupo tornou-se uma realidade.

O Tatá era realmente um sedutor; por convite de Sonia passou a freqüentar os bailinhos de sábado à tarde do Colégio Rio Branco, onde cursava o 3º ano do curso Clássico. Sua presença era um sucesso total. Todas as meninas queriam dançar com ele, era o centro de atração, apesar de um pouco mais velho, acompanhava a moçada e enciumava os garotos menos experientes, que ficavam de fora do círculo principal. A animosidade por parte dos meninos começou a crescer e ele achou melhor suspender essa prática, pois que, apesar de jovens, os meninos eram fortinhos.

Em 1963, prestou vestibular para a Faculdade de Direito do Largo de São Francisco, da Universidade de São Paulo, classificando-se em 4º lugar; começa aí outra etapa importante de sua vida, arrastando-a para mais distante da televisão (*Onde é que mora a amizade / Onde é que mora a alegria / No largo de São Francisco / Na velha Academia...*).

No ano seguinte, veterana e perfeitamente integrada aos meios acadêmicos, surge como calouro Adriano Stuart, seu querido amigo.

Nada mais justo que partisse em sua defesa contra os outros veteranos, sedentos na *ira acadêmica* pelos incautos calouros (era tudo uma brincadeira, sem maiores conseqüências, ninguém jamais saiu ferido por causa de trote na faculdade).

Essa foi a perdição de seu antigo companheiro. O resultado foi exatamente adverso; seu desejo incontido de defendê-lo acabou acarretando-lhe muitas confusões, repetidos cortes de cabelo e muitas brincadeiras inconvenientes. A situação ficava um pouco perigosa quando o odioso CCC tentava intervir (o CCC, dito Comando de Caça aos Comunistas, que era na verdade uma reunião de bobalhões, dublês de fascistóides, arruaceiros e ignorantes, mas temíveis e perigosos, porque eram fortes e protegidos dos militares no poder). Mas, naquela época, ninguém dava-lhes atenção, e o Adriano conquistou os veteranos com sua graça e senso de humor aguçados. Assim, logo depois, todos ficaram amigos, e a pseudoproteção se fez desnecessária.

Na Faculdade, experimentou anos de lutas e de repressão durante os obscuros tempos da ditadura. Justamente, num momento tão importante para sua formação como cidadã, teve a voz abafada e os ideais amordaçados pelo golpe militar. Fez, a duras penas, seu aprendizado em política acadêmica e social e teve o dissabor de ver desaparecerem muitos de seus amigos e colegas, alguns exilados, outros mortos.

Foram anos fervilhantes, de muitas conversas, muitas leituras; passou a interessar-se por cinema, sobretudo pelo europeu, no qual imperavam a *Nouvelle Vague* e os filmes de Alain Resnais, Trufaut, Agnès Varda, Luis Malle, Lelouche, Godard, Costa Gravas; na literatura prevalecia o *Nouveau Roman,* e eram devorados os livros de Marguerithe Yorcenar, Michel Butor, Alain Robbe-Grlilet, Nathalie Sarraute, Chabrol; a vida e a política acadêmica foram fazendo parte e cada vez mais eram temática de seus interesses e dedicação.

Foi um período em que freqüentou muitos cursos extracurriculares no IBDF – Instituto Brasileiro de Filosofia – como os de filosofia, literatura, semiótica, sociologia e política. Sentia uma necessidade extrema de aprender todas as coisas, como se o mundo fosse se acabar. Leu todos os livros que pôde e aprendeu muito sobre a vida, sobre a política e até alguma coisa sobre o Direito nas intermináveis conversas no pátio da Escola. Sua turma na faculdade era de jovens intelectualizados, sempre em contato com o pessoal da Filosofia e da Sociologia da Maria Antonia, pois muitos de seus amigos estudavam lá.

No pátio da faculdade, com CoraMara Ferreira, Gilda Korn, Clodoaldo Celentano, Lucinha Mendonça e Aloysio Nunes Ferreira

Anos rebeldes que lhe valeram, bem como ao Admir e a seu pai também uma noite de prisão na Faculdade de Direito, por ocasião de protestos políticos contra a ditadura militar.

Havia um receio constante, pois ninguém estava livre da fúria e da irresponsabilidade dos ditadores e repressores, sobretudo os jovens advogados, que não podiam livremente expressar seu descontentamento, mas, ainda que às escondidas, defendiam os presos políticos, como faziam seu marido, Miguel Tebar, José Roberto Melhem, Lucinha e Marcos Mendonça.

Encerrava-se o semestre de 1964, a vida acadêmica muito enfraquecida pela violência do golpe militar, e numa tarde vazia, Sonia recebeu um telefonema de sua amiga Gilda, informando que a polícia estava procurando um amigo da Faculdade, o Mafei. Haviam arrombado sua casa, na Rua Tupi e prendido alguns de seus familiares. Felizmente, ele conseguira escapar, mas estava ferido e precisava de abrigo. A casa de sua família, como já expliquei, situava-se pra lá do fim do mundo, um lugar ideal para se esconder um foragido político.

Consultada a família, seu pai não só concordou, como aderiu prontamente, pondo-se em contato com outras pessoas do movimento e familiares do refugiado. Virou misto de revolucionário e enfermeiro. Formou-se assim uma verdadeira célula, dela também fazia parte o Admir.

A situação era de pânico, porquanto a fúria dos militares contra estudantes era grande, cartazes foram espalhados pela cidade, com fotos dos procurados e, ao mesmo tempo, começaram as investigações na Rádio Tupi.

Um dos primeiros a serem interrogados por um militar, incumbido dessa função, na própria emissora, foi seu pai, pois era conhecido como antigo militante do Partido Comunista, em seus tempos de juventude.

As cautelas intensificaram-se na Rua Rodrigues Guião, por ordem dos comandantes do movimento ao qual seu amigo era filiado, algumas táticas de relacionamento foram ensinadas. Nada de visitas estranhas ou vizinhas curiosas. Na casa, o vaivém intensificou-se. Muitas pessoas, estudantes e companheiros passaram a freqüentar o local, ainda que tarde da noite, para não levantar suspeitas. Inúmeros cafezinhos, lanches e cinzeiros cheios o tempo todo. Parecia que se iria deflagrar a contra-revolução com discussões inflamadas e planos táticos nunca realizados. O que significava trabalho intenso para D. Mariquinha, que acabara de perder sua serviçal e enfrentava os serviços domésticos sozinha, e esse, francamente, não era seu forte. Em compensação, o velho Dorce estava eufórico, sentia-se um combatente contra o golpe militar que tanto criticava.

A ordem era, nunca chegar em casa, sem antes averiguar se não havia problemas. Era preciso ligar sempre e dizer uma senha, que era mudada todos dois dias.

Num determinado dia, a senha era: *O céu está azul?* E a resposta correta deveria ser: *Sim, o céu está azul.* Antes de chegar em casa, Sonia liga de uma vizinha e diz a senha combinada para sua mãe, que atendera ao telefone. D. Mariquinha atarefada e meio nervosa, desconhecendo a senha do dia respondeu: *Minha filha, eu estou tão ocupada, que nem tive tempo de olhar para o céu.* Ela, ao contrário do marido, não fazia parte daquele centro revolucionário.

Tempos depois, seu amigo foi transferido para outro local. Hoje, ele está muito bem, com um competente e bem-sucedido escritório de advocacia funcionando e ele e sua mulher Edna continuam amigos do casal.

No início de 1966, pediu sua transferência para o Departamento Jurídico dos Diários Associados e foi estagiar junto ao escritório do Dr. Benedito Pereira Porto e Dr. Pedro Ivan de Resende, que, pacientemente, indicaram-lhe os primeiros caminhos rumos aos tribunais. Permaneceu trabalhando até às vésperas de seu casamento em maio de 1968, quando montou com o marido, seu escritório de advocacia e foi brilhar em outros palcos.

O Departamento Jurídico situava-se na Rua 7 de Abril, 230, prédio onde também se localizava o Museu de Arte de São Paulo. Sonia teve oportunidade de passar muito tempo percorrendo os meandros daquele ainda exíguo espaço, mas pôde conviver, quase diariamente com as preciosidades lá existentes e iniciar-se em outra paixão de sua vida, as artes plásticas.

Sem falar no inusitado que era conviver com Pietro Maria Bardi, um incansável professor e sua mulher Lina Bo Bardi.

O Museu também era freqüentado por uma austera figura, em sua cadeira de rodas, acompanhado de sua fiel enfermeira. Era o nosso Velho Capitão, Assis Chateaubriand que, acometido por um terrível mal se via preso a essa situação. Ele não falava, mas conservava intacto seu raciocínio, poder de compreensão e o doce olhar e, mesmo em silêncio, ela teve a honra de compartilhar muitos momentos esquecidos dentro desse mundo especial de obras de arte.

Mesmo fora da televisão, ainda fazia algumas aparições em programas de entrevistas, como na *Revista Feminina*, de Maria Teresa Gregori, programas de variedades, *Almoço com as Estrelas*, de Airton e Lolita Rodrigues, ou então, apresentando o *Clube Papai Noel*, por ocasião das ausências de Homero Silva, por conta de sua candidatura a deputado estadual.

Ruptura com o fio condutor

Chega, Dra. Sonia, agora quero recuperar minha voz e falar por mim mesma, agradeço muito a atenção, sua gentileza e paciência de nos ter conduzido até aqui, especialmente a fidelidade com que relatou os acontecimentos, mas agora após tantos anos decorridos, as veleidades amainadas, tenho o direito de usar a primeira pessoa, pois não haverá mais louvações, nem queixas ou retaliações.

Sonia Maria Dorce por Sonia Maria Dorce

A grande magia da carreira do ator é a possibilidade de viver através dos personagens inúmeras vidas, terríveis amores, grandes tragédias, independentemente da sua própria existência. Pode-se até mesmo morrer e como uma fênix, renascer. Como se possível fosse ter duas vidas. Uma para se viver e outra para se representar.

Após o espetáculo, despir-se da caracterização do personagem e poder tomar um cafezinho no bar da esquina, ou uma taça de champanhe e abandonar toda a encenação, seus dramas, alegrias ou torturas, nas coxias dos cenários, e poder retomar a sua vida comum é uma experiência fascinante.

O problema surge quando os personagens começam a perseguir os atores ou marcá-los emblematicamente, a ponto de roubar-lhes a própria existência. O verdadeiro ator precisa estabelecer sempre uma distância entre suas caracterizações e a vida real. Tênue distância, às vezes, de difícil realização.

A verdade é que eu jamais consegui abandonar definitivamente a ribalta. Todo aquele que foi inoculado pelo veneno da arte de representar continuará a fazê-lo onde quer que esteja, jamais se livrará desse encantamento, estará sempre exercitando seu talento e representando, não importa para que platéia, não importando nem mesmo que ela exista. Todo meu esforço deve ter servido para algo, tantas crianças vieram depois de mim, e continuarão a vir.

Tive o prazer de conhecer inúmeras *Sonias Marias*, nomes dados pelas mães às filhas, em homenagem a minha pessoa, isso é gratificante.

Outro dia, estava no supermercado e eis que encontro uma dessas meninas (hoje não tão menina assim). Ao nascer, sua mãe queria dar-lhe o nome de Sonia Maria, a família reclamava, a primeira neta deveria ter o nome das avós. Venceram ambos os lados. Ela se chama Sonia Therezinha Conceição.

No meio de tanto trabalho, havia o esperado período de férias, e nos anos 50 a família Dorce, praticamente, mudava-se para Jaboticabal, terra de minha mãe. A emoção começava no momento do embarque. A família seguia em direção à monumental Estação da Luz. A viagem era longa, embarcávamos no carro *pullman* da Companhia

Paulista, o trem era um luxo só. As poltronas magníficas, enormes, giravam sozinhas. Podiam reclinar e quase virar uma cama, ainda havia o vagão-restaurante, os pratos sofisticados, flores sobre as mesas, garçons engomados. Era preciso se comportar como *mocinhas educadas*, essa era a orientação geral dada pela avó, que as meninas seguiam direitinho.

Mas a aventura maior estava por vir. Quando o trem chegava na cidade de Rincão, fazia-se baldeação, pois Jaboticabal só tinha bitola estreita. Era preciso correr para não perder o outro trem. As ordens, dadas apressadamente: *Meninas, cuidado com a bagagem, não vão cair nos trilhos, fiquem quietas...*

Numa dessas viagens, Cidinha Campos, que se tornara muito amiga da família, foi junto para as férias. Ela fez um sucesso terrível, pois era um pouco mais velha e os meninos ficaram encantados com seu charme. As meninas enciumadas, não repetiram o convite.

Deixávamos aquele trem luxuoso e embarcávamos no *maria fumaça*, um trem antigo, movido a lenha, que andava devagar, fazia um barulho esquisito, mas nós adorávamos. Tínhamos a sensação de que, a qualquer momento, um bando de índios ensandecidos iria atacar o vagão e ficávamos procurando os *mocinhos* para proteger-nos. Doces ilusões infantis, influenciadas por excesso de filmes de *bangue-bangue*. Nem índios, nem mocinhos apareciam, mas as viagens valiam a pena e a fantasia corria solta.

Era um tempo adorável, bem diferente da vida na cidade, visitas aos sítios e fazendas de parentes e amigos, tardes perdidas em cima das jabuticabeiras, que eram muitas, justificando o nome da cidade. Essas lembranças fluem facilmente e sinto-me como um personagem de Proust, também eu *À procura do tempo perdido*. Eram muitos doces caseiros, visitas às casas de tias antigas, os perfumes macios, o calor das tardes quentes amenizado na piscina do *Clube da Mascagni* cuja banda fora fundada por seu avô materno, Arthur Bazoni, e por seus tios Oswaldo e Loriz, muitos anos atrás. Havia também muitos primos, entre eles, o Ayrton, Carmen Maria, Arthurzinho, Tereza Cristina e Izilda, a Maria Carlota, que é prima mais distante e virou prefeita da cidade, as tias Cleofe, Doralice, Narcisa, Carlota e um monte de outras. Acho que a cidade toda era meio parente, pois quase todos imigrantes como meus avós tinham vindo de algum canto da Itália. Tio Oswaldo era um patriarca, muito respeitado e querido na região (quando faleceu, virou nome de rua, na cidade) À noite, muitos eram os *causos*, contados pelos visitantes, sobretudo pelo *João Minhoca* (quase todos na cidade têm seu apelido), amigo e pescador, em torno do imenso fogão de lenha no fundo do quintal da casa grande. Cada um queria superar o outro nas maravilhas e encantamentos que juravam ter acontecido. As meninas, por causa dessas estórias fantásticas, às vezes, dividiam a mesma cama, com medo das assombrações. Havia também as encantadoras serenatas que os aspirantes a namorados faziam, supervisionados por seus primos, Ayrton e Sergio.

Mas nem mesmo nesse longínquo rincão estava livre do assédio dos fãs, pois apesar de a imagem da televisão não chegar até lá, muitas das pessoas que passavam férias ali eram de São Paulo e me conheciam, e assim, invariavelmente, havia espetáculo no Cine Teatro Polytheama, o mais importante da cidade, e dá-lhe declamações, cantorias, e tudo mais.

Uma noite, fazia um show no Clube Internacional, na cidade de Santos, quando apareceu no camarim uma jovenzinha dizendo que era minha maior fã e precisava me ver, de qualquer jeito. Seu nome Iara Gonçalves – a Iarinha tinha uma coleção de fotos e sabia de todos meus passos. Após o espetáculo, convidou-me para jantar em sua casa. Foi toda a comitiva. Depois disso, as irmãs Dorce eram intimadas para passar todas as férias de verão em Santos, como convidadas da Família Gonçalves. Assim foi feito até o casamento de Iara, em 1966. As meninas inverteram o pólo das férias, em vez do interior, agora veraneavam na orla.

A casa da Iara, um verdadeiro paraíso, pois era musicista e exercitava seu talento cantando as músicas da emergente bossa-nova, além disso, era vizinha de um imponente condomínio chamado *Jardim do Atlântico*, onde também tinham apartamento Homero e D. Yolanda e Lolita Rodrigues, e aí era a vez dos intermináveis jogos de buraco, durante a tarde, com as mães, e os adoráveis bailinhos, estilo *água e palito* à noitinha, para os jovens. Mais uma vez, a Tupi cruzando seus caminhos. Essa amizade com a Iara, felizmente, perdura até os dias de hoje.

A maturidade e a constatação

Com o tempo, consegui compreender todo o processo, porque passara e aceitar a renovação, dos personagens, até mesmo o esquecimento do público e lembrar, sobretudo das intermináveis conversas com meu velho pai, que sabiamente, prepara-me para esse momento decisivo, a fim de que não houvesse traumas, nem sofrimentos, discorrendo sobre a transitoriedade da fama, do carinho do público, assegurando-me que o verdadeiro sucesso é aquele no qual se conquistam uns poucos apenas, vivenciando o *olho no olho*. Para a vida, o que vale é a qualidade da conquista.

Outros valores foram dando lugar aos antigos, acabei aprendendo que nem mesmo é preciso pescar o peixe. Basta acreditar que ele está lá. E mais, com gostinho do dever cumprido.

Ao longo da vida, a gente vê os amigos distanciando-se um pouco, seguindo seus caminhos.

Minha irmã, também, foi seguir seu rumo, casouse muito cedo, e agora pode desfrutar a delícia de ver Maria Fernanda, sua filha mais velha, atuando como produtora de arte, *Tigrão*, o José Augusto, que também é meu afilhado, exercitando seu talento nas artes plásticas, e a Patrícia brilhando como estilista de modas, além de ter a graça de se encantar com os netos, Felipe, Isabel, Amanda e Silvia, a caçulinha.

Não posso me queixar da vida, arrependo-me somente das coisas que não fiz, das lutas das quais não participei, por incapacidade ou por falta de oportunidade, nunca por omissão, pois tenho a consciência de que ninguém chega ao paraíso de olhos enxutos e devo reconhecer que o caminho não foi tão áspero ou doloroso.

Ou, de outra feita, lembrando-me do que estava escrito no dístico na porta do Colégio Rio Branco – *Per aspera ad astra* (*Por caminhos ásperos chegaremos aos céus*). Eles estavam certos.

Sempre fui muito contestadora, impaciente, teimosa, crítica com os outros e impiedosa comigo mesma e com o meu trabalho (está penoso rever esses escritos, sem cortar a metade do que foi dito). Mas concluí que o mesmo direito que tenho de criticar, de expressar livremente meu pensamento serve também para elogiar, reverenciar aquilo ou aqueles merecedores de reverência. E tenho exercitado o elogio com muita freqüência.

Com sua mãe, D. Mariquinha; seu pai, Francisco Dorce e sua tia, Maria Yolanda

Nas próximas páginas: à esquerda, Sonia e Admir na valsa de formatura da Faculdade de Direito; e, à direita, no dia do casamento, com Admir Armonia, ao lado de Francisco Dorce

E mais, consegui obter, ao longo dos anos, a dádiva da paciência, aprendi que, malgrado a montanha, o rio chega ao mar, contornando-a sabiamente.

Esse relato, por sua forma, tornou-se um verdadeiro *confiteor*, assim, permitam-me mais esse desabafo: houve, durante esse percurso, maravilhosas aquisições, muitos conhecimentos e muitos conhecidos, alguns se tornaram verdadeiros amigos ao longo dos anos.

É importante que deixe registrado os agradecimentos às pessoas que deram sentido à minha vida. A eles, meu preito de gratidão.

Velho Dorce, por me mostrar que mais importante que chegar é percorrer. Muito obrigada.

Meiga e forte Mariquinha, por desatar todos os nós para mim, muito obrigada.

Houve um momento mágico: a chegada do amor em minha vida. Encontrei o Admir, meu marido, ainda nos bancos escolares, e ele então tornou todos os meus dias ensolarados e as noites enluaradas, não importando as borrascas; e aí me vem à lembrança a frase recitada por Jean Gabin: *Le jour où quel'un vous aime, il fait très beaux* (*O dia em que alguém te ama, o sol brilha*). Muito obrigada.

Anna Paula, minha primogênita, por transformar a simples mulher, nesse ser divino que é a mãe, muito obrigada.

Com Anna Paula no colo, esperando Renata

A família em 1976: Admir, Sonia, Renata e Anna Paula e, (à direita) Anna Paula com Danilo e Gustavo

Renata, a filha mais nova

Renata, minha eterna caçulinha, por me ensinar a mágica da matemática do amor – a única coisa que dividindo se multiplica, muito obrigada.

Hélio, silencioso e impenetrável, que possibilitou uma grande dádiva – ele é o tão desejado Glauquinho, muito obrigada.

Danilo e Gustavo, pelo milagre da renovação, muito, muito obrigada. Quero mais!

Ao Wellington que vem chegando agora, com alvíssaras, engrossando a fileira alvinegra, muito obrigada.

Francisco Dorce era um homem de grandes gestos. Repetia sempre essa advertência: *Tenha como norma não criar casos ou fazer escândalos. Na impossibilidade de cumprir a regra, não os faça pequenos. O ridículo está nas pequenas coisas.*

E foi assim pela vida afora. Qualquer fato corriqueiro tornava-se especial, tocado pelo seu grifo. Era sempre o personagem central das anedotas, aventuras e desventuras que contava e, na maioria das vezes, saía-se mal, provocando risos na platéia.

Assim que entramos na Faculdade, Admir e eu, meu pai arranjou um livreiro, o Cardosinho, que nos acompanha até hoje, e desandou a comprar livros jurídicos. A gente nem tinha onde colocá-los, pois eram muitos e ainda nem tínhamos capacidade para entendê-los. O que importava é que eles estavam lá (aquela velha estória da chave, dentro dos livros, sempre repetida). De acordo com sua teoria dos exageros, só comprava obras completas.

Assim, lá estão, até hoje, nas prateleiras do escritório: *Tratado do Direito Comercial*, de Waldemar Ferreira; *Tratado do Direito Penal*, de Nelson Hungria; *Direito Processual Civil*, de Moacyr Amaral Santos; *Curso de Direito Civil*, de Washington Monteiro de Barros; e até a coleção completa do *Direito Privado Italiano*, e muitos outros mestres do Direito. Mas era preciso adquirir Pontes de Miranda, a obra definitiva do Direito Privado. Ocorre que a coleção – *Tratado do Direito Privado* –, de sua autoria, estava esgotada; a Editora Saraiva editara a segunda parte da coleção, do volume 23 ao 46; a primeira parte, sem previsão de lançamento. Não teve dúvidas, comprou a coleção, assim mesmo, só a segunda parte. Somente dez anos depois, o Admir pôde completar a coleção com o lançamento da primeira parte. Ele era assim grandioso, exagerado, perigoso.

As festas, dispensava-as todas. Aniversários, casamentos, batizados, carnaval e até velórios, recusava-se a comparecer.

Talvez porque, durante quase toda sua vida, os dias festivos representavam dias de trabalho e sempre vivera cercado de muitas pessoas, na velhice, preferia o recolhimento. Passados os anos, podia livremente prescindir delas.

Exceção feita ao *Réveillon:* o último dia do ano era sempre comemorado com pompa e estilo, era sua festa predileta, como se fora um ritual. Quase sempre festejava-se em casa com muitos amigos e parentes. Muita comida, bebida e boa música. Os convivas esperavam a mensagem do velho professor, lembrando as coisas boas do ano que acabava e saudando o novo ano que despontava.

Terminou assim sua oração do ano de 1982: *Meus amigos, vem chegando 1983, aproveitem-no, dancem, brinquem, amem, acendam todas as luzes. A festa dura pouco!*

Soaram as doze badaladas e ele, feliz com família unida, replicou: *emplaquei 83!*

Parece que Deus ouvira suas preces, mas, ironicamente, às 18h30 do primeiro dia de 1983 ele foi-se. Suas filhas foram surpreendidas com um novo conceito – *o nunca mais.*

São terríveis, inevitáveis e doloridas as perdas pelo caminho. Os amigos que se foram e deixaram muitas saudades: meu sogro querido, o Seu Vicente, que me chamava de *boneca*; o Mário, que tocava tão suavemente *Tenderly*, os parentes, os pais.

Ouvi dizer que pai e mãe não morrem, ficam encantados e assim estão o Velho Chico Dorce, a suave D. Mariquinha, lá longe, reluzindo, como diz o pequeno Danilo, viraram estrelas no céu.

O grande consolo é que vivemos num mundo positivo, a dor da perda nunca é esquecida, apenas, com o passar dos anos, vão esmaecendo as cores dos fatos tristes e em contrapartida, vão adquirindo tonalidades cada vez mais fortes aquelas recordações boas. As lembranças das festas ficam melhores e aquelas das lágrimas vertidas já não são tão amargas.

Francisco Doce discursando no Réveillon de 1981

Quando se acha que se sabe tudo sobre sua vida, eis que uma porta se abre e muda toda a configuração.

Certa tarde, no meu escritório, uma senhora ligou dizendo ser uma pessoa interessada em meus préstimos profissionais. Marcamos hora para a consulta e no dia aprazado lá estava ela, muito elegante com um ar misterioso. Estávamos em meados de 1990. Cumprimentou-me, apresentando-se, chamava-se Neide.

Como cartão de visitas colocou sobre minha mesa uma fotografia antiga, meio amarelada. No retrato a criança que sorria era eu, no dia de meu segundo aniversário. Faz algum tempo.

Busquei em vão, recorrendo ao arquivo das lembranças mais antigas, reconhecer aquele rosto, que se mostrava amigável, afetuoso, mas desconhecido. Em verdade, eu não a conhecia. Somente ela seguia meus passos à distância. Disse-me que vinha em nome do amor. Essa palavra exerce sobre mim um poder incrível. Calei-me, coisa difícil de acontecer, para ouvi-la.

Contou que fora *crooner* na orquestra do meu pai, há muitos anos, cantara em sua orquestra em muitas boates e *nigthclubs.* Surgiu uma paixão entre os dois e começaram, secretamente um romance proibido. O pai dela era militar e não suportava a idéia de ver a filha cantando na noite, mas a vontade de ser artista era maior do que a repressão paterna. Depois de algum tempo, engravida, tem um filho, cujo nome é Francisco Dorce Filho e desaparece da vida de meu pai, criou sozinha o menino, com a ajuda de familiares, orientada pelo seu rigoroso pai. Nós jamais soubemos de sua existência. Criou-o muito bem. Fez dele um cidadão honrado e um profissional respeitado e querido de seus companheiros de farda.

Francisco Dorce, um pouco antes de morrer, chamou-me, reservadamente, e relatou esse fato, dizendo que perdera o contato com esse filho e, se algum dia ele aparecesse em nossas vidas, deveria ser aceito com carinho e respeito, jamais rejeitado. Muito tempo se passara entre a manhã de revelação e aquela tarde, não menos reveladora.

Acabara de ganhar um irmão, que é uma excelente pessoa, alegre, brincalhão, coronel reformado da Polícia Militar, que tem três filhos, todos formados – Juliano, o mais velho é dentista, Natalie e Elton, meus colegas advogados. Natalie, depois, fez estágio em nosso escritório, sob a supervisão da Renata, de quem ficou muito amiga.

Nossa família era pequena, ficou engrandecida com esses novos membros. A gente não se vê muito mas existe um grande carinho e afeto unindo os irmãos Dorce.

Esse fato não denegriu a imagem que tinha de meu pai e muito menos prejudica a de meu irmão. São passagens da vida que não têm explicação. A gente deve aceitar os fatos, conviver com eles e, se possível, torná-los benéficos. Foi o que nós fizemos.

Atualmente, sou uma assídua telespectadora. Assisto a tudo, ou quase. E devo confessar que gosto muito pouco do que vejo. Quando abandonei a televisão, tinha muita dificuldade em concentrar-me nos programas, na história que estava sendo contada. Era-me impossível ver a quarta parede e fechar o cenário.

O tempo todo, só conseguia divisar o estúdio, na frente dos atores, eu sabia, estavam os microfones, as câmaras, os refletores, os cabos, o pessoal de apoio no estúdio, isso tudo atrapalhava a compreensão do espetáculo. Com o tempo tudo isso foi se esvaecendo e, às vezes, consigo acreditar que estou mesmo dentro de uma moderna sala de visitas da casa de um empresário, no meio de um jardim que, na verdade, é um cenário. Quando me pego nesses momentos, sinto-me realizada, sou uma verdadeira telespectadora, não faço mais parte daquele jogo e, por conseguinte, posso criticar livremente o que me desagrada

Dias desses, fui convidada para inaugurar a televisão de novo. Desta vez, a *Interativa.* Fiquei até com medo, não sabia bem o que era aquilo! Mas disseram-me que o Raul Cortez iria estar lá e fiquei mais tranqüila, pois ele é um ator responsável e não iria fazer nada perigoso no palco. Lá fui eu, só que agora, sem cocar na cabeça, mas a frase foi semelhante: *boa-noite, senhores e senhoras, está no ar a TV Interativa do Brasil.*

Acho que fiz história outra vez. Pois é isso mesmo – uma empresa de televisão por assinatura, via satélite – A *Directv* lançou uma modalidade de TV interativa, em que seus assinantes podem executar diversas tarefas com o controle remoto em mãos. Bons e diferentes serviços estão sendo prestados pela TV. O futuro, realmente começou!

Às vezes, ainda sonho que estou em frente das câmeras no estúdio, a campainha soou, a luzinha vermelha acendeu e eu não decorei o *script*, não sei o que falar, pânico geral, estremeço, suo, vou pedir ajuda ao *ponto,* cadê o *ponto*! Como no poema de Drummond: *ponto não há mais!*

Acordo e a realidade faz-se presente e, aí sim, fico desesperada, possuída por um pânico real, porque não há mesmo *script* algum, nem diretor, nem falas ou marcações preestabelecidas. Nessa situação, eu mesma preciso criar a cena sozinha, às vezes, dou-me mal, outras até que me saio bem. Como já disse, continuo representando vida afora.

Esta é a história de uma parte da minha vida, assusto-me um pouco com tudo que foi revelado, não pensei que tivesse coragem de despir-me dessa forma. Foi uma boa vida, orgulho-me de cada pedacinho dela. Agradeço todos os dias a Deus pela benção que me concedeu, tendo formado uma família tão boa, minhas filhas são meu grande patrimônio e motivo de orgulho.

Pedir mais seria injusto, consegui amealhar um punhado de amigos, como a Márcia, minha irmã e primeira amiga; Sheila, prima e fã de muitos anos; Ana, a fiel escudeira de todas as horas; Laércio, Glória, Cláudia, Flávio, Edu, Marcinha, Francisco, o Tiquinho, a solícita Beth, Marcos e Leda Borenstein, Liliana, Lucianne, André, Neusinha, Janete, Vera Ramos, Oswaldo Gallo e a Clorinda, Gilda Korn, Miguel Tebar, Joice, Idelma, Zuleica, Zé Eduardo, Vida Alves, a outra Beth, a advogada, Celso, Dr. Evaristo (o Eva), Lúcia Cabral, Osmar, Silvia Helena, Heleninha, Leila, Alice, Laura Tosi, Fernandinho Salem, Marcelo, Samir, Lumena, Claudia Tomaselli, Cabeça, Nelson Valente, Fred, Maria Helena, Mauro Correia, Bill, Guido, Mauro Salles, Aloysio, Melhem, Marcos Mendonça; enfim, não posso nomear todos, são muitos, perdoem-me os demais, vocês estão no meu coração, considerem-se citados e devidamente osculados.

Pode-se dizer que foi uma jornada de muitas lutas, mas sem falsa modéstia, vitoriosa, vivenciada com coragem e galhardia, diferente, é verdade, da maioria das crianças de meu tempo, mas graças aos esforços de meus pais, trilhada com naturalidade e sem falsos conceitos ou preconceitos.

Aprendi alguma coisa em minhas andanças, entre elas que a criança é dona do mundo, o homem é o dono da aldeia, mas o velho é o dono da história.

Apesar disso, cheguei à conclusão de que estamos vivendo um tempo de jovens. Jovem é minha sogra, D. Vicentina, a Tininha, presente em todas as horas, que do alto de seus muitos anos, continua faceira e linda; jovens, sou eu, meu marido, meus amigos, minha irmã, firmes, na batalha, com saúde, lépidos e dispostos; minhas filhas, meu genro, na exuberância e esplendor do início da maturidade são jovens, e meus netinhos, apesar de estarem no jardim-da-infância da vida, já são mocinhos e portanto jovens também.

Mas o que realmente importa é continuarmos todos entusiastas, sabendo que enquanto houver entusiasmo haverá juventude, sem falsos pudores ou pretensos temores, expondo-nos sem covardia, pois tais como os navios, a gente sabe que está mais seguro no porto, mas os navios foram feitos para navegar.

Agora, quando decorrido mais de meio século de todo esse relato, aprendi que o outono também é algo que começa e, então, com naturalidade, posso sacudir a cabeça e ouvir o som de meus cabelos embranquecendo e citar as sábias palavras de James Joyce, lembradas por Lima Duarte: *O passado não morreu e não morreu porque não passou.*

Com o marido, Admir

Com a turma da Pró-TV: Murilo Antunes Alves, Jane Batista, Baby Gregori, Irenita Duarte, Sonia e Marcia Dorce

Parte II

Os Outros Queridinhos

Depoimentos de Astros Juvenis de Nossa Televisão

Foi uma experiência fascinante tomar os depoimentos dessas pessoas que, gentilmente, dispuseram parte de seu tempo para atender ao meu pedido.

A princípio, as coisas estavam meio nebulosas, mas à medida que a conversa se desenrolava, as lembranças, também, e a partir de, então, tudo decorria com facilidade e aparecia uma dose de prazer em reviver aqueles momentos esquecidos. Notei que quase todos os entrevistados, ou a grande maioria deles, declararam que tiveram e ainda têm uma memória excepcional. Isto é fácil de constatar, pois é uma condição para o exercício da carreira de ator, tantos textos, marcações, deixas, se a memória não for boa, a coisa fica complicada.

Entretanto, sempre que questionados a respeito de datas, ou nomes de lugares e até mesmo sobre nomes de diretores ou outro detalhe técnico, a memória falhava. Nesse momento, para compensar, quase sempre me relatavam um caso pitoresco, ou algo que a lembrança sentimental deixou gravada no fundo do coração, esquecida muitas vezes.

É o que eu chamo de memória afetiva, aquela que a gente guarda na gaveta do amor e, ao longo dos anos, mesmo sem saber, vai alimentando, lentamente. Notei particularmente, que, apesar de ter convivido longos anos com alguns dos entrevistados, ao me permitirem os depoimentos, trouxeram à baila sentimentos íntimos, meio desbotados, meio amarrotados e nem por isso menos valiosos, que eu certamente desconhecia. Percorremos juntos uma deliciosa viagem na máquina do tempo, com a ajuda dos sentimentos e das recordações. Foi um trabalho inusitado, pleno de satisfação, foi um mergulho na alma desses meus amigos.

Essa característica é o valor principal deste trabalho, foi feito para resgatar a história e o trajeto da criança nos primórdios da televisão brasileira, mas é muito mais um apanhado memorialista, no qual a lembrança, uma senhora, amiga e sorridente, de cabelos encanecidos, que sentada em sua cadeira de balanço numa tarde ensolarada, deixa-se levar belo embalo das recordações... Pra lá, pra cá... Pra lá, pra cá, docemente, mansamente.

Ah! E se possível só lembranças boas, como diria meu querido amigo Álvaro Moreyra: As amargas, não!

I. Adriano Stuart

Sonia reinou sozinha no universo da televisão durante um tempo, depois aos poucos, começaram a aparecer outras crianças. Com a chegada delas acabou seu reinado exclusivo, a novidade não existia mais.

Mas o fascínio ainda permanecia, do seu público para com ela e vice-versa, mesmo porque os trabalhos continuaram.

Ela que representara todos os papéis infantis das novelas, teleteatros e de outros programas, começava então a dividir a cena com outras crianças, igualmente talentosas e ávidas de sucesso.

Não houve traumas, disputas ou sentimento de inveja com o fato de outras crianças estarem chegando, mesmo porque o primeiro a chegar foi Adriano Stuart, estava lá no princípio de 1951, mas nessa época, praticamente só trabalhava com seu pai, vindo de uma família de artistas de circo. Seu pai, Walter Stuart, talentoso e criativo, comandou programas, como A Bola do Dia, Olindo Topa Tudo *e o* Circo Bom-Bril *e muitos outros.*

Fui encontrar Adriano, no dia 15 de julho de 2004, no Restaurante Elias, *no bairro da Pompéia, uma concentração de escritório e oráculo, pois seus amigos ficam em sua volta, sorvendo seus ditos, seus poemas, suas observações sagazes, e, sobretudo, assistindo ao espetáculo diário e fascinante de seu convívio. Com a palavra Adriano Stuart, que estava muito inspirado, gentil e sedutor, como sempre.*

Adriano, de coração aberto, terminou nossa conversa dizendo as últimas falas de Diadorim no livro de Guimarães Rosa, Grande Sertão: Veredas. *Esse é Adriano Stuart – antes de tudo um ator, e dos bons.*

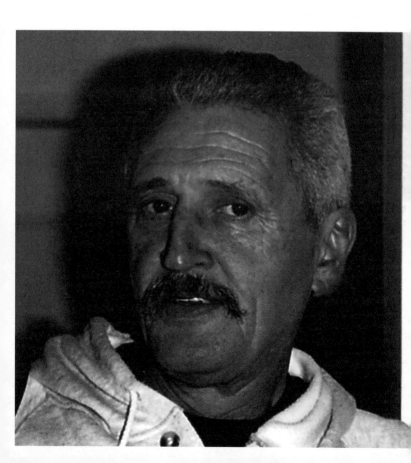

A televisão entrou em minha vida em dezembro de 1950. Nesse tempo, meu avô vendeu o *Circo-Teatro Oni*, nome de minha avó. Minha família é de origem espanhola, composta dos Canales, Stuart, escocês, Shumam, alemães, é uma mistura danada, mas o forte são os espanhóis, e viemos de Araxá direto para São Paulo, última montagem do circo, e meus pais, em busca de emprego. Com essa venda meu avô dividira o dinheiro entre os filhos, ao meu pai coube uma parte, em valores, muito pouco, mas na verdade estávamos todos desempregados.

Meu pai fazia de tudo no circo, filho do dono não pode se dar o luxo de escolher o número ou papel. Fazia trapézio, globo da morte e também era Jesus Cristo, o mais absoluto astro do circo, na época da Semana Santa.

Nasci em Quatá. Quatá, na verdade, não é uma cidade, é um enclave suíço no Brasil. Nascer ali foi, na verdade, um acidente, o circo estava por lá e aí aconteceu.

Meu pai, procurando emprego foi dar no *Café dos Artistas*, no Largo Paiçandu, que era um reduto de artistas de circo e lá informaram-no que tinham inventado uma coisa nova, uma tal de televisão e que talvez estivessem precisando de gente. Ele foi até o Sumaré, pediu emprego e eles realmente estavam precisando de atores, técnicos, enfim de todo mundo. Nós todos fomos contratados. Meu avô, minha avó, meu pai, minha mãe, minha tia, meu tio e eu.

Adriano Stuart, em foto atual

Meu pai se chamava Walter Manuel Dionisio Canales; minha mãe, Moralina Marques Canales; minha tia, Catita Oni Canales; e meu tio, Henrique Canales; minhas irmãs, que vieram bem depois, Maria Cristina de Fátima Canales e Maria Momice das Graças Canales.

E eu fui no pacotão. Fizemos teste com Oduvaldo Viana. No circo todos nós trabalhávamos em tudo um pouco. Eu fazia figuração e todos os números que competiam a alguém da minha idade, e, na Semana Santa, cantava *Hosana, Hosana nas alturas...* Fazia também um número muito ruim de trapézio, a 1,20 m do chão, um verdadeiro *balanção*, mas o púbico gostava.

Apesar de ter uma memória excepcional, sempre que me perguntam como comecei na Tupi, eu páro para pensar e concluo: *não tenho a mínima idéia*. Eu odiava aquilo. Eu vinha de uma vida, relativamente deliciosa, eu morava numa casa que viajava, o sonho de toda criança, o meu quintal era o picadeiro, e eu não estudava. Não posso precisar quem me alfabetizou. Certamente, alguém do circo, meus pais não, alguém interessado numa criança analfabeta e feliz, mas era uma vida muito livre, sem limites de espaço. Passei dessa vida mágica, que se deslocava incessantemente para diferentes lugares e diferentes culturas, venho para São Paulo, e vou morar numa casa fixa, precisando estudar, ficando confinando durante muito tempo num estúdio, não era nada agradável. Era um horror! Singularmente, porque, ao lado da minha casa, havia um campinho de futebol, na Rua Bruxelas, num local, que hoje mora minha irmã, e era lá que eu queria estar o tempo todo. Eu passei a odiar essa nova vida.

Quando comecei a atuar, de verdade, eu sabia ler direitinho e eu mesmo decorava sozinho meus textos. Tinha, como tenho até hoje uma boa memória. Memória visual, posso esquecer a fala, mas lembro-me do número da página do texto. Não tive dificuldades.

A televisão não atrapalhava meus estudos. Atrapalhava a minha grande paixão, que era e ainda é, até hoje, o futebol. Eu voltava da escola, trocava de roupa, almoçava, tinha 10 minutos de tempo livre e eu ia para o campinho bater uma bola e depois ia para a Tupi.

A vida artística, eu não escolhi, ela me foi praticamente imposta pelas circunstâncias, de nascimento e família. Aí a coisa foi acontecendo e eu peguei gosto.

Eu fazia de tudo. Comecei trabalhando com o meu pai. Era um Walter Stuart em miniatura. Depois, foram aparecendo os programas. Como você, eu também fazia todo o tipo de programas, a gente não escolhia. Lembro-me de uma época que fiz um seriado com seu pai e sua irmã: *A História de Francisquinho*, no *Teatro1*, mas tudo que vinha a gente encarava. Programas infantis, de adulto, qualquer coisa. Lembro-me de um programa infantil, com fundo moralista, *Os Anjos Não Têm Cor*. Mas a gente fazia realmente de tudo.

Não tinha o menor medo. Mesmo porque não havia outra opção. Até porque vinha do circo e lá era tudo ao vivo, pra valer, com o público na frente. Essa era a única forma existente, a gente fazia sem medo.

Alguns papéis que me deixaram lembranças foram: *Oliver Twist*, uma série, uma novela, que ia ao ar três vezes por semana, era uma adaptação do livro do Charles Dickens, feita pelo Silas Roberg. Alguns atores : Jayme Barcellos fazia o vilão, minha tia Cachita Oni e outros.

Houve também o *Volta ao Mundo em 80 Shows*, quem fazia era o Tatá (Luis Gustavo), Lima Duarte e Francisco Negrão, grande galã dos anos 50 da TV Tupi; meu pai e eu. Era um programa de aventuras de marinheiros pelo mundo.

Humor sempre cabia ao meu pai e a mim, que éramos índios, árabes, enfim, tipos exóticos. Eu era muito pequeno, ele me maquiava igualzinho e ficávamos os dois fazendo as coisas que davam na cabeça dele. Tenho imagens muito claras desse programa, pois eu gostava de fazê-lo.

Comecei a gostar da televisão e de interpretar e da profissão de ator, a partir dos 19 anos. Até, então, foi um saco!

Walter Stuart, com Cuná Canales, Luiz Canales (primos) e Adriano Stuart

Lembro-me também do *Passeando Pela História*. Era um programa com você, o Torresmo, eu e outros atores. Era um coelho. Não, era um Canguru, o Mirim (*e juntos cantamos a musiquinha do Canguru Mirim. Ele disse que tem uma foto. Prometeu procurá-la. Ficamos discutindo a apresentação e viajamos novamente pelo passado. Lembrou-se, também, da novela* De Mãos Dadas (segunda fase), *na qual fazia o papel de Cisco, e a Sonia fazia as gêmeas. Fizemos muitas coisas juntos. De* TVs de Vanguarda, Grande Teatro Tupi, Contador de Histórias, Ciranda, Cirandinha *e muitos outros espetáculos em que fomos anjos, irmãos, primos, amigos, companheiros. Rimos muito ao lembrar da atração* Pim Pam Pum, *que representávamos com David José, e das brincadeiras que fazíamos no estúdio e muitas vezes em cena*).

Fiz uma também uma escolinha, dessas que existem hoje em dia, com a Cidinha Campos, que fazia a *Maria Cascadura*, meu personagem era o seu *Minutino,* e falava assim: *Tô aqui porque cheguei, não tenho dinheiro porque gastei, comi peixe e me engasguei e quem descobriu Brasil, não sei...* (o programa era *Escolinha de D. Zélia*, escrito e dirigido por Francisco Dorce). Minha mãe também fez uma escolinha, no rádio e na televisão.

Minha irmã Cristina não trabalhava na televisão, mas a Momice era a dubladora oficial da Brenda Lee, qualquer música, era com ela. Mas não era

Seriado Oliver Twist, com Adriano e Cachita Stuart

propriamente uma profissional, no entanto, fazia direitinho. Em geral, os irmãos não brigavam, a gente se dava bem, mas minha mãe era terrível, sua preferência por mim era demais, um verdadeiro terror, comportava-se como uma esposa ciumenta. Reclamava contra fumo e eu nem fumava na época, chegava ao cúmulo de cheirar minhas camisas. Tive excesso de mãe e isso causou problemas com minhas irmãs.

No rádio, eu fazia o *Teatrinho das Cinco Horas*, que você, Sonia, fez também, todavia não muito. Quando criança, eu era normal, nem bom, nem ruim. Não dei muito trabalho aos meus pais.

(Ele era terrível, fazia arte, em cena e fora dela, com ele era só diabruras, mexia nos cenários, gozava os atores em cena, e aqueles que não tinham o mesmo jogo de cintura ficavam muito atrapalhados. Era dono de uma inteligência superior, de um espírito crítico e de um humor consideráveis para um jovem de sua idade. Essa característica fazia parte de sua personalidade e era seu charme principal. Mas ele, quando menino, deu muito trabalho aos diretores, ensaiadores e contra-regras. Isso, talvez não reconheça, entretanto ainda, há muita gente para testemunhar o fato).

Ocorre que na adolescência, eu *adolesci* muito cedo, por força das circunstâncias de meu trabalho, meus amigos eram em média 10 anos mais velhos do que eu. São os mesmos que conservo até hoje, muitos deles atores e diretores da Tupi, com exceção de você e do David José, a gente só convivia com adultos. Atualmente, a diferença de idade não existe mais, mas naquela época, eu era um moleque, convivendo com marmanjos. Como adolescente, era muito contestador, contudo nunca dei sérios problemas para meus pais. Jamais tive problemas com drogas, brigas, ou esse tipo de coisa. Em razão de minha adolescência precoce, eu acabei envelhecendo muito depressa. Com 12, 13 anos, tinha a cabeça de um cara de 25. Eram conversas, trocas de informação, muita leitura e mesmo os programas que a Tupi levava, literatura americana, russa, e acabávamos lendo esses livros todos, que na verdade eram muito consistentes para a pouca idade que tínhamos.

Lembro-me duma ocasião em que a Wanda Kosmo, que dirigia o *Grande Teatro Tupi*, eu tinha por volta de 15 anos, ela queria me dar um papel no qual eu deveria representar um menino que voltava de férias e eu deveria dizer: *Ah, mamãe, eu me diverti muito, cresci 2 centímetros e engordei 2 quilos.* Eu me rebelei, disse que não faria isso. Estava grandinho, com 1,78 m e uma cabeça muito velha. *Não, mas só tem você aqui, tem que fazer*, ela me disse. *Você me suspende, mas essa bobagem eu não digo. Desconte do meu salário, suspenda-me, faça o que bem entender.* Não me lembro o desfecho da história, mas o que eu sei é que não disse aquelas falas bobas.

Adriano e Walter Stuart

Como ator sou disciplinado, sigo as regras e determinações do diretor. Tenho minha cabeça e minhas convicções. Não é possível alguém tentar me impingir valores nos quais eu não acredito. Enquanto ator, obedeço ao diretor, mesmo porque sou diretor também e sei como é isso, mas conversando tudo se resolve. As ordens, até as dos diretores, devem ser bem dirigidas, senão vira o *Poema Negro*.

(Adriano se refere ao poema do poeta português José Régio, Cântico Negro, *no livro* Antologia... *Nos versos:* Não sei por onde vou / Não sei para onde vou / sei que não vou por aí*)*

Eu tenho até hoje amigos que participaram desse primeiro momento da Tupi, tão grande era o sentimento que nos unia, independentemente da idade. Não tínhamos a exata noção da importância da televisão, naquele momento, mas tínhamos a certeza de que era importante seres humanos trabalhando em prol de uma idéia, relacionarem-se muito bem. Morávamos todos perto, freqüentávamos os mesmos lugares, estávamos juntos o tempo todo.

O assédio do público era simpático, nunca tive problemas com meus colegas de rua ou de brinquedos. Nada muito grande, alguma coisa na rua, mesmo porque o raio de abrangência da televisão era pequeno. Às vezes, na praia, alguém me reconhecia e não me incomodava. Só não gostava, como não gosto até hoje, de fã pedindo autógrafo e coisa e tal, prefiro ficar escondido.

Só houve um grande assédio, uma vez, durante a novela, na Record – *Algemas de Ouro*. Eram 38 personagens, o meu no grau de importância, digamos que era o 36º, e eu dei uma guinada e transformei o papel, que era de um primo da Sandra Bréa, uma espécie detetive, em personagem central da trama, a ponto de casar com a mocinha, aquela que viria a ser minha mulher, tempos depois, Márcia Maria. Algo parecido com o que ocorreu com o Tatá, na novela do Cassiano, *Elas por Elas*, na Globo, em que o personagem era pequeno, mas o ator reverteu e tornou-se a grande sensação, transformado, tempos depois, em seriado, que eu, por sinal dirigi - *Mário Fofoca.*

Fiquei na Tupi por doze, quase treze anos. Saí por volta de 63. Fui fazer uma peça na Companhia de Maria Della Costa – *Marido Vai à Caça*, de Feydeau, no elenco, Fernando Balleroni, Sebastião Campos, Elias Gleiser –, que ficou um tempo na capital e depois viajou pelo interior.

Fiz a Faculdade de Direito e adorei. Os professores, tenho minhas dúvidas. Fiz a faculdade porque não queria interromper os estudos e de todas as opções possíveis, como cultura humanística, considerei cursar Direito. Para ser um bom médico, você precisa, sobretudo, além da dedicação, cursar uma boa faculdade. Para ser advogado, não. Tenho uma tia e uma irmã que trabalharam muitos anos no Fórum e sabem muitas coisas de processo, que os advogados, muito deles desconhecem.

Eu adorei os anos de faculdade, até porque politicamente foi uma época muito ruim, e a gente, na faculdade tinha um espaço, limitado, é verdade, mas era alguma coisa, naquele universo desolador. Eu cursei de 64 a 68. Fui colega de turma, do Marcos Mendonça, inclusive, além

Aniversário de 16 anos de Adriano: os avós, os tios Henrique Canales e esposa, a mãe Mora, Maria Cristina, Momice, o pai Walter, os primos Fernando Balleroni, Leo Romano e Maria Jose, e David José

de ter sido seu calouro. Na época, roubamos, a estátua *O Idílio*, (cópia da escultura *O Beijo*, de Auguste Rodin) do túnel da Av. Nove de Julho e colocamos na praça, considerada território livre, no Largo São Francisco, em frente à Faculdade, onde se encontra até hoje.

Nunca advoguei. Não fui estudar com esse objetivo. Achava uma bobagem parar no curso secundário, tendo disponibilidade e capacidade para continuar os estudos. Jamais, concebi não cursar uma faculdade, além do que era ponto pacífico para minha mãe.

O sonho dela era que eu fosse diplomata, fizesse o curso do Itamaraty e coisa e tal. Para mim a faculdade não significou o canudo, o diploma na parede, como já disse, foi uma preocupação humanista que me levou a estudar Direito. Se fosse seguir a carreira, talvez fosse ser um penalista, como se tornaram Rildo Gonçalves e antes dele o Cláudio de Luna. Não se trata da letra fria do Código Penal, mas como você o interpreta e o que se pode fazer com ele em prol de seu cliente.

Tenho muito boas lembranças da faculdade; lembro que havia dois grande partidos – o *PAR* de esquerda e o *PRA*, este último extremamente reacionário e forte, tendo em vista a situação política do país. Nós fundamos o *PAM*, havia um jornalzinho, em que nós escrevíamos, eu e o Caio, um colega, que se tornou juiz e hoje está aposentado, (Caio Graco Barreto Júnior). Esse partido era composto de anarquistas e fomos o divisor de águas das duas políticas acadêmicas. Assim, convivíamos, com Marcos Mendonça, que representava a esquerda esclarecida e também com Marcos Flacker, Cássio Scatena, representantes da extrema direita reacionária e privilegiada e também com o CCC - Comando de Caça aos Comunistas, da mesma forma com João Leonardo, seu colega de turma, que, tempos depois foi trocado pelo embaixador americano e representava a linha esquerda mais radical. Nosso partido funcionava como órgão regulador, e se tivesse que sair na porrada, assim era feito. Isso tudo fez parte da minha vida acadêmica e ficou marcado como um momento libertário da minha vida, em face do momento de repressão em que vivíamos. De alguma maneira, nós mandávamos nesta situação. A gente se posicionava contra a invasão do Teatro, onde se levava o *Roda Viva*, do Chico Buarque, na época, e também reclamávamos contra qualquer radicalismo cometido pela esquerda mais festiva.

Aconteceu, meio de repente, de o ator virar diretor, não foi nada planejado. Eu tinha 22 anos, hoje em dia é mais ou menos comum ter-se diretores bem jovens, mas naquele tempo não era usual. Foi uma espécie de pressão de amigos mais velhos, Lima, Dionísio, enfim. Foi no programa chamado *Viva a República*, na TV Tupi, eu tinha saído, depois voltei e esse foi o programa que deu origem aos *Trapalhões*, depois passou a se chamar *Bonzinhos Até Certo Ponto* e *Os Insociáveis* e, finalmente, *Os Trapalhões*.

O elenco do *Viva a República* – Débora Duarte, Jimy Rocha, Jerry Adriani, Vanusa. Era uma república de estudantes, com diferentes ascendências, programa de humor, com os grandes nomes da época.

Eu comecei escrevendo, depois fui para a direção e o Flávio Galvão passou a escrever, às vezes, o Walter Negrão também. A gente fazia um pouco de tudo, mas acho que, para dirigir, qualquer coisa, uma empresa, um programa, um time de futebol, o importante é liderar. Se você tem um conhecimento para liderar é por meio dele que as coisas acontecem e as pessoas vão com você.

Quando eu dirigia na televisão não acumulava com a interpretação. Isso aconteceu algumas vezes no cinema. No filme *O Bacalhau*, uma paródia ao *Tubarão*, por exemplo, o Ewerton de Castro ia fazer o papel central e por compromissos não deu certo, então, não tive alternativa e acumulei atuação com direção. Isso foi em 1975. Depois em outra comédia *Kung Fu contra as Bonecas* aconteceu de novo, não tinha nada a ver com a pornochanchada, era uma sátira a uma série que era o maior sucesso na televisão. Tive que fazer porque não achei um ator que pudesse interpretar o papel, e como eu tinha feito karatê, fui eu mesmo.

Da Tupi fui para a Record, voltei para a Tupi, fui para a Globo, fiz o *Shazam e Sheriff*, fui inicialmente convidado para escrever, com o Lauro Cesar Muniz e Walter Negrão, no espaço de uma semana eles saíram para outros trabalhos na emissora e passei a dirigir e foi contratado outro escritor, pois era muito e não dava para acumular as funções.

No cinema fiz, um monte de coisas. Numa ocasião fiz 5 filmes num ano, sempre dirigindo. Fiz também muitos filmes simplesmente atuando, como *Boleiros*, recentemente, Mas minha profissão de escolha, minha paixão é pela arte de atuar. Houve uma transformação daquele menino que odiava a profissão para o homem que se diz apaixonado por ela.

No momento, estou no teatro, atuando na peça *Aquele que Leva Bofetadas*, direção de Antonio Abujamra, no Teatro do Sesi. E como tenho certo tempo livre, gosto muito de dar algumas dicas para jovens atores, sem nenhuma pretensão de ensinar, mas para conduzi-los a um tempo melhor, a uma postura correta, ou a um gesto significativo, em cena. Adoro isso. O teatro do Sesi é algo interessante, é gratuito e, portanto, está permanentemente cheio e é um público muito receptivo e nada exigente. A peça não é uma comédia, o espetáculo tem essa pretensão. O autor é Leonid Antoniev, é um espetáculo muito elaborado, deslumbrante e pretende-se levá-lo para a Rússia. Recomendo.

Fui diversas vezes convidado a dar aulas de interpretação, mas me recuso. Não acredito que a pessoa possa virar ator com somente três meses de curso de interpretação, além disso, o que é fundamental, é preciso, antes de tudo, talento. Para se formar em qualquer profissão, você precisa estudar 18 anos, para ser ator, três, quatro meses. É impossível.

Vejo pouco televisão, hoje em dia, mas pelo que eu percebo, a única televisão que se preocupa com a qualidade dos programas infantis é a TV Cultura, fora isso, não há nada sobre o tema. Sinto que as crianças estão abandonadas. O que existe por aí são programas infantilóides. Os programas precisam ser mais abrangentes e, assim, atingir uma faixa maior de crianças e passar alguma mensagem. Além do mais, a grande maioria deles é de origem norte-americana, muito longe da realidade brasileira.

Não creio que seja função da televisão funcionar como elemento educativo. O Brasil tem suas fontes de raízes e não precisa buscar na televisão parâmetros de comportamento. Ninguém, certamente, vai cometer um crime porque o ator da novela matou seu desafeto. Agora, o jornalismo é outra coisa, deve ser sério e corajoso o suficiente par a informar corretamente os telespectadores. Há muitos programas pseudo-jornalísticos, que ficam o tempo todo no ar, torcendo para que alguma catástrofe aconteça para então, com helicóptero, com oito câmeras detalhar a situação. Isso é condenável. Há uma enorme soma de dinheiro aplicada nesses tipos de programas, que poderiam ser mais bem utilizadas na televisão.

Já o cinema nacional está em ótima fase. A retomada do cinema nacional se deu com o filme da Carla Camuratti, *Carlota Joaquina*. O momento é bom, mas sem mistificações. É preciso trabalhar sempre. Gosto muito e estou contente porque as coisas estão mudando, para melhor.

Em TV, fui convidado para dirigir um programa, que se chamará *Vila Maluca*, na Rede TV! Serão contados os problemas dos moradores de uma vila numa cidade qualquer, e os autores, Edson Braga, Marcio Tavolari e Ronaldo Ciambroni, estão escrevendo. Vai ser o primeiro programa de texto naquela emissora. Ainda não tem data para estrear.

Pretendo também escrever um livro sobre os tempos da Tupi e as mudanças que todo aquele movimento causaram nas pessoas e na cidade, sobretudo no bairro do Sumaré. Vai ser um trabalho de cunho muito pessoal. Quando estiver pronto, eu aviso.

II. Márcia Dorce

Fui pedir o depoimento de minha irmã, a pessoa mais próxima de mim, que presenciou toda minha caminhada, mas com certeza, deve ter uma visão diferente dessa experiência.

Não me lembro de nossa vida antes da Rádio Tupi. Acho que, antes disso, não existia nada. Tudo começou lá. Eu nunca fui muito de aparecer, deixava isso para minha irmã. Intuitivamente sabia que ela era a mais bem dotada e fora talhada para o negócio.

Eu participava, às vezes, do *Clube Papai Noel*, comecei cantando, com três anos e meio de idade, certamente isso foi uma brincadeira do meu pai, mas a platéia gostava e divertia-se muito.

Minha irmã era a grande estrela do programa, declamava, cantava, tocava piano, representava o Clube em outros programas infantis. Eu preferia ficar brincando com as bonecas a ter de enfrentar o público, decorar poesias imensas e textos difíceis.

Minha irmã era muito assediada pelos fãs. Todos queriam falar com ela, dar-lhe beijinhos, pedir-lhe autógrafos. Com muita freqüência passavam dos limites, e era preciso meu pai ou minha mãe intervirem.

A vida de irmã de celebridade tem suas vantagens e desvantagens. As desvantagens são aquelas costumeiras, o assédio dos fãs da minha irmã, e as incessantes perguntas: *você não gostaria de trabalhar na TV, como sua irmã? Ou então: você não tem inveja do sucesso que ela faz?*

As vantagens, por determinação do meu pai, e acho e também para me proteger, todos ou quase todos os presentes que a Sonia ganhava, eu recebia também, se não exatamente igual, algo muito parecido. Assim, ela fazia o esforço e eu colhia os louros. E chegavam muitos sapatos, vestidos, flores, bombons, e brinquedos. Eram tantos que todo fim de ano a família distribuia para as crianças da vizinhança e para os pobres, alguns a gente levava para os primos de Jaboticabal.

Na rua, onde a gente costumeiramente brincava, naquele tempo podia, e nós morávamos numa rua praticamente particular, minha irmã era a tal, todos queriam falar com ela, pedir autógrafo, perguntar alguma coisa, elogiar seu trabalho. Ela também era muito mandona, nas brincadeiras era sempre a primeira e eu, a segunda, as outras crianças vinham depois. Mas ele sabia sempre fazer as coisas de um jeito, que ninguém ficava triste. Em casa, eu reinava, meu pai, talvez para compensar o assédio, cobria-me de mimos e deferências.

Nunca me senti inferior, ou menosprezada por minha irmã fazer sucesso e ter uma vida pública. Aquele modo de vida servia para ela e não para mim. Mesmo porque eu sempre usufruía o lado bom das coisas. Da mesma forma que ela, também eu era convidada para as festas, recebia presentes, viajava, sem ter que decorar aquele monte de texto e ficar infinitas horas ensaiando.

Por causa de compromissos fora da cidade, minha irmã era obrigada a viajar, com certa freqüência. Quase sempre íamos todos. Assim tivemos oportunidade de viajar de avião muitas vezes, conhecer lugares e pessoas bem diferentes, foram experiências notáveis.

Nossa vida era interessante, pois a Rádio Tupi era uma grande família e muitos artistas, músicos e cantores freqüentavam nossa casa.

Como não havia outras crianças disponíveis, às vezes, eu era escalada para os programas e ficava muito aflita, pois quase sempre eu era telespectadora, esse era o meu grande prazer, atuar não era meu forte. Eu ficava tão encantada com a encenação, os cenários, as luzes e tudo mais, que esquecia minhas falas e era sempre interpelada pela Sonia, que me dava uma dica, chamando minha atenção.

Um grupo de crianças, entre eles Adriano Stuart, David José, Henrique Ogalla, as filhas de Clenira Michel, fazia o programa *Ciranda Cirandinha*, escrito e dirigido pela Vida Alves, com assistência de Beatriz de Oliveira, minha participação era como Heloísa, e a Sonia fazia a Heleninha, que também eram irmãs. Nós fazíamos uma verdadeira algazarra no estúdio. A Vida Alves, às vezes, precisava se impor, pois um bando de crianças reunidas, é difícil de controlar.

Certa vez, fui escalada para fazer o *TV de Vanguarda*, talvez eles quisessem dar uma folga para a Sonia, e eu fazia um dos papéis centrais da peça. Meu pai até interpelou o Walter George Durst, achando que ele tinha se enganado, mas o caso era comigo mesmo. Não me lembro do enredo, mas tratava-se de uma aldeia julgando suas crianças. Tudo feito ao vivo, apesar do meu papel ser importante, não tinha muitas falas, mas ficava muito tempo em cena. No final do terceiro ato, na cena do julgamento final, culminava com a condenação da criança, que ao saber do veredicto caía no choro. Na hora certa, a câmera pega meu *close* e eu estava no maior sono, não chorei, nem tive a menor reação, simplesmente dormi. Creio que foi aí que se encerrou minha carreira de artista de televisão.

Sonia sempre foi, e é até hoje uma irmã protetora, amiga, a melhor, com quem eu posso sempre contar e abrir meu coração.

É uma pessoa que eu admiro pela força de caráter e capacidade de solucionar os problemas, com firmeza e objetividade.

Nossa vida foi um pouco diferente das outras crianças de nosso tempo, mas foi vida cheia de boas experiências, num lar marcado pelo carinho e afeto de nossos pais.

Houve muitos problemas e dificuldades, na nossa vida, é claro. Mas como diz a Vida Alves sonho que se sonha junto vira realidade, ao que acrescento, problemas compartilhados são problemas resolvidos.

Apesar de estar mais na coxia, que na ribalta, aprendi muito nesses tempos de Rádio e TV Tupi, foi um tempo muito bom e ficaram boas lembranças e muitos amigos.

III. David José

De todos os depoimentos que tomei, o mais demorado foi o do David José. Tivemos diversos encontros, ele me mandou e mail com sua biografia e ainda assim ficou algo incompleto. Fui à sua casa e lá estava, a Lígia, sua mulher, muito simpática, tratando com uma arquiteta a reforma da casa. Até eu dei alguns palpites.

Não foi dessa vez que conseguimos acabar. Ele veio à minha casa, depois de horas de conversas e muitas risadas, chegaram os meus netos da escola e, claro, acabou a entrevista, mas não conseguimos terminar nosso trabalho. Reunimo-nos mais uma vez e, finalmente conseguimos terminar. A grande maioria dos fatos relatados não está aqui transcrita, porque foram lembranças extra-oficiais, comentários políticos, lembranças de viagens, coisas da vida pessoal, afinal nós temos muito tempo de convivência, muitos pontos convergentes e muitas divergências também. Isso tudo somado enseja muitos dias de conversa. Apesar de todas as falas, consegui montar o depoimento.

O David se tornou professor universitário, virou professor-doutor. Fez muitos cursos no Brasil e pós-graduação no exterior, tendo dado aulas, na USP, na Fundação Getúlio Vargas e na Unicamp. Escreveu o livro O Espetáculo da Cultura Paulista, *que foi tema de sua tese de doutorado e está organizando, com a Pro-TV, a série* Pioneiros do Rádio e da TV no Brasil *(já saiu o primeiro volume e o segundo está no forno).*

Apesar de afastado da ribalta, continua ator, pois tudo o que diz é recheado de poesia, de interpretação, de sentimento. De vez em quando, ele canta (tem uma excelente voz de barítono). Mas seu forte é encantar as pessoas.

Com vocês as lembranças de David José:

Na época dos fatos que vou relatar, eu morava pelos lados de Santo Amaro, perto da Av. Interlagos, onde há hoje o Jardim Consórcio e o Jardim Marajoara. Meu pai era gerente da *Cerâmica Angelina*, que era da família Giobbi (acho que a D. Angelina era a avó daquele jornalista César Giobbi). Aquela foi uma época maravilhosa, nós tínhamos vindo de Mogi das Cruzes e meu pai assumira esse emprego e fomos morar no local. Nossa casa era muito grande, bem antiga, um casarão colonial de 1890, com um terreno imenso, cheio de árvores, nós tínhamos até um cavalinho. Assim, esse período da minha infância foi muito feliz e descontraído. Lá em casa, éramos meu pai, José, minha mãe Antonia, e mais três irmãos, o mais velho, Milton é falecido, o Raimundo, eu e o Toninho, que a gente chamava de Nenê, você conheceu os dois mais novos. Eu estudava no Colégio 12 de Outubro, cursava o terceiro ano do curso primário e costumava ir a pé para um lugar que se chamava Campo Grande, que distava, mais ou menos, dois quilômetros da minha casa. Um belo dia, voltando da escola, por volta da uma hora da tarde, numa curva

David José em As Aventuras de Tom Sawyer

da estrada, eu avisto uma pessoa, um soldado, com uma roupa esquisita, diferente das fardas dos soldados que estava acostumado a ver. Na verdade era o Lima Duarte, caracterizado de soldado, jovem ainda, sua roupa era semelhante à usada pelos soldados das volantes nordestinas, que caçavam cangaceiros, pelo interior. Estava assim vestido porque naquele dia estava fazendo uma gravação externa, coisa rara naqueles tempos. Eu fiquei olhando, meio assustado, e como eu já assistia televisão, achei que aquela movimentação pudesse ter alguma relação. Quando eu completei a curva, vi um monte de gente, também caracterizados. Lá estavam J. Silvestre, o diretor, os atores Dionísio, Flora Geny, Lia de Aguiar, Heitor de Andrade, gravando uma seqüência para o *TV de Vanguarda*. Se não me engano, a peça era *A Morte de João Ningué*m. Eu fiquei assistindo, e o tempo foi passando, já era uma e meia e as mulheres reclamando, que estavam com fome, e eu então, muito solícito, disse que morava lá perto, que na minha casa tinha muitas frutas, se quisessem, estavam todos convidados. Eles aceitaram e, assim, levei aquele bando de gente para o pomar da minha casa. Foi uma festa. E eu no meio daquele pessoal, já meio fascinado, quando o Lima perguntou se não gostaria de trabalhar na televisão, a Lia de Aguiar, sugeriu que eu fosse até o *Clube Papai Noel*, recomendando-me que, na TV Tupi, procurasse fazer um teste com Francisco Dorce, seu pai, que talvez tivesse alguma coisa para eu fazer. Anteriormente a isso, exercia meus talentos, cantando nas festas do Grupo Escolar de Mogi das Cruzes, imitando o Luis Gonzaga, contei isso para eles. Eles me informaram que, caso não desse certo com o Dorce, poderia procurar o Júlio Gouveia e entrar para o *Teatro da Juventude*. Deram-me o endereço, os telefones e eu me entusiasmei, pedi à minha mãe que me levasse. Isso se deu em outubro de 53, e só consegui demovê-la por volta de março de 54 a me levar até a Tupi, e lá fomos nós. Por indicação da Lia, procurei o Dorce, mas em lugar dele, que não estava, falei com o Júlio Gouveia, que por acaso ensaiava alguma peça num estúdio onde se fazia radioteatro, em frente da discoteca. Terminado o ensaio, ele me entrevistou e contei sobre minhas experiências artísticas na escola em Mogi e fui tão entusiasta nesse relato que me pediu para deixar o telefone e já me disse que poderia me aproveitar nos teatros que fazia.

Meu verdadeiro nome é José. Meu pai só me registrou quatro anos depois de nascido, como bom nordestino que era, e fomos todos fazer o registro, até meu irmão caçula. Minha mãe, na época, lia muito a Bíblia e era protestante e adepta dos nomes ali contidos. Ela, que tempos antes, na Bahia, sua terra natal, fora filha de santo no terreiro de Joãozinho da Goméia, um grande pai de santo, que introduziu o candomblé no Rio de Janeiro e em São Paulo. Mas nessa sua fase de protestante, só aceitava nomes bíblicos para os filhos. Assim meu nome era David, o do meu irmão mais novo – Israel. Mas, por seu lado, meu pai, ateu, implicava com essa mania. Na hora do registro, meu nome iria ficar David José Lessa Mattos Silva, o oficial achou muito comprido. Meu pai não quis tirar nenhum dos sobrenomes e resolveu que já tinha muitos nomes bíblicos e tirou o David, apesar de eu já ser chamado dessa forma. Fez a mesma coisa com meu outro irmão, tirou o Israel e ficou só o Antonio, Toninho. Quando eu contei essa estória para o Júlio, ele achou que David José era um bom nome e assim ficou, para todo o sempre, apesar da insistência do meu pai.

Meus pais apoiavam inteiramente meu empreendimento e depois tiveram muito orgulho dessa minha escolha profissional.

Um belo dia, eis que o telefone lá de casa toca e é o Júlio Gouveia, dizendo que tinha um papel para mim na televisão.

Eu fui até o TESP, naquele casarão, chamado de elefante branco, e lá eram feitos os ensaios, na Rua Arthur Prado. O espetáculo, dentro do *Teatro da Juventude* era *As Aventuras de Tom Sawyer*, do Mark Twain, quem fazia o papel título era o Sergio Rosenberg, eu fazia o Ben Rogers e era o dia 4 de abril 54, minha estréia oficial da televisão.

Julinho Simões, David José, Suzi Arruda, José Serber e Hernê Lebon, em As Aventuras de Tom Sawyer, *no* Teatro da Juventude

Aquilo foi uma novidade enorme na minha vida. Eu não sabia nem mesmo o que fazer com o script. O Júlio marcou minhas falas com lápis vermelho e disse vai lendo em voz alta, assim você se familiariza com o texto, era uma segunda-feira, os ensaios seriam na quinta. A partir daí minha vida mudaria completamente.

Eu morava bem longe do Sumaré, e quem me levava era o motorista do caminhão da cerâmica onde meu pai trabalhava, e se chamava Valfogo, tinha esse nome porque estava sempre meio de fogo, mas era boa gente e teve muita paciência comigo.

Fiz logo em seguida *As Aventuras de Pinocchio*, o papel título era do Paulo Bastos, e eu fazia o Grilo Falante. *(Foi essa a primeira vez que eu vi o David José, na Tupi, caracterizado de Grilo Falante. Ele era bem bonitinho e um pouco gordinho).*

Fiz *Heide*, um seriado com a Verinha Darcy – que se passava no Tirol, imagina eu com essa cara de índio, fazendo um tirolês!

Em 56, eu fiz o *Tom Sawyer* outra vez, mas dessa vez, em forma de seriado, demorou três meses e aí eu era o personagem título. Até então ainda não era profissional, minha relação era exclusivamente com o Júlio e com o TESP e a gente ganhava cachê pelas apresentações.

O ator que fazia o papel de Pedrinho no *Sítio do Pica-pau Amarelo*, o Julinho Simões, crescera demais, e estava naquela fase da adolescência em que o jovem muda muito, especialmente a voz, então o Júlio me convidou e eu aceitei. Fiquei fazendo o Pedrinho por muito tempo, de junho de 55, até o início de 59. A gente convivia bem, eram muitas as produções do casal Júlio e Tatiana, pois havia programa quase todos os dias; nos domingos, no *Teatro da Juventude,* encenavam-se peças de mais de uma hora de duração. Tudo era feito com muita seriedade e responsabilidade e era muito apreciada a capacidade de trabalho dos dois sobretudo a preocupação deles com a formação dos atores mirins. Em 59, tive que sair porque aí era eu que estava crescendo, minha voz falhava, eu estava ficando velho para o papel. Foi também nessa época que eu roubei o primeiro beijo da Guy Loup, que também fazia alguma coisa conosco no TESP. A gente estava descendo as escadas, num local onde era a maquiagem e em direção ao Estúdio C e a coisa aconteceu. Deu um *rolo* terrível. O Júlio me considerava como um filho, seu pupilo mais dileto, e eu procurava corresponder àquela imagem de menino bonzinho, assim, não poderia ter cometido aquele deslize. Imagine, só um beijinho inocente, mas para a época pegou mal. Quando soube desse meu atrevimento, pois Guy reclamara para ele contra minha ousadia, veio uma bronca, mas sábio que era, chamou-me de lado e eu do alto dos meus 16 anos e sapecou-me uma conversa moralista e elucidativa.

Verinha Darcy e David José

Júlio Gouveia, na abertura do Sítio do Pica-pau Amarelo

Meu começo na TV foi praticamente com o Júlio Gouveia. Fiquei um ano e pouco trabalhando só para o TESP e depois fui contratado pela Tupi. Até que ganhava bem. Minha mãe acabou comprando três terrenos para mim e quando os vendi dei entrada nesta casa, que moro até hoje.

Por volta de 55, o J. Silvestre, chamou a mim e ao Júlio perguntando se poderia me escalar como Kim, personagem do Rudyard Kipling. Foi meu primeiro trabalho como profissional, numa adaptação e direção do J.Silvestre, o Turíbio Ruiz fazia o Lama, o oficial, começando a carreira, era feito pelo Henrique Martins.

Depois dessa experiência, passei a ser contratado da Tupi. Meu contrato foi assinado em junho de 55. Quem assinou o contrato, como responsável, foi o Júlio exigindo que eu continuasse fazendo o TESP. O Kim foi levado num programa chamado *Teatro de Romance*, na forma de seriado e teve a duração de quatro meses. Foi um sucesso incrível. Deu até na revista *O Cruzeiro*, a publicação mais importante da época.

Quando entrei para a televisão, o Adriano Stuart já atuava. Éramos amigos de todas as horas, andávamos sempre juntos, mas o problema existente era com a mãe do Adriano, D. Mora, superprotetora, e com as amigas dela, que não se conformavam de vê-lo disputando a cena comigo. A Lolita não me aceita até hoje, cinqüenta anos depois, ela ainda não me digeriu bem. Mas isso não atingia nossa amizade, tanto que eu sou padrinho do filho dele. Atualmente, estamos um pouco afastados, por circunstâncias da vida, mas ele continua sendo meu grande amigo. Jogávamos bola juntos e fazíamos muitas traquinices pelo bairro. Nessa época, eu já me mudara para o Sumaré. O Adriano era terrível, aprontava o tempo todo, ele tinha o pai dele, que era importante na emissora, portanto tinha respaldo, mas eu estava lá sozinho, precisava me cuidar.

Ao mesmo tempo que fazíamos muita travessuras juntos, algumas das quais você também participou, eu passei a conviver com uma turma bem mais velha e que praticamente me adotou. O Lima, o Dionísio, Walter George Durst, Faro, Silas Roberg são amizades que perduram até hoje. Do Faro, virei, praticamente, irmão mais moço e até hoje a mulher dele comenta essa nossa ligação muito forte. Todos eles com as respectivas mulheres freqüentavam minha casa e ficaram muito amigos de minha mãe.

Saía muito com eles, ia assistir jogos de futebol, fomos até Santos ver o São Paulo jogar, minha mãe tinha a maior confiança neles. Viajava muito com o Faro e a família dele para São Sebastião. E esse convívio rendia muitos frutos, pois a gente brincava muito, é verdade, mas também havia muita conversa séria e aí vinham as indicações de filmes, de livros. Isso tudo foi despertando

David e Adriano nos jardins da parte de trás da Tupi, na Rua Catalão

curiosidade para outras coisas, além da televisão, foi descortinando um mundo novo, sobretudo na literatura. O Silas foi quem me introduziu na literatura americana. Apesar de não terem formação acadêmica, essas pessoas, atores e atrizes, sensíveis e inteligentes, adquiram uma vasta cultura humanística e generosamente passavam isso para a gente.

Naquela época, um período posterior à II Guerra Mundial e anterior à Guerra Fria, havia uma grande preocupação com a formação de uma geração, visando a um mundo melhor, a gente acreditava que isso era possível. Aquele era um tempo, muito diferente da realidade em que vivemos atualmente, esta situação de concreta desilusão e descrença, sobretudo da parte dos jovens. Isso é ruim, os jovens precisam de uma crença, de ilusão, de fantasia. Essa constatação foi um dos fatores de meu desinteresse pela carreira universitária, em dar aulas, em face do grande desalento e, falta de estímulo dos jovens. O importante é que para mim foi muito enriquecedor, do ponto de vista intelectual, ter trabalhado na infância e adolescência na televisão e ter desfrutado aquele ambiente cultural. Meu conhecimento literário, desde a literatura infantil brasileira, começando com os infantis como Monteiro Lobato, os Irmãos Grimm, Collodi, passando pela literatura estrangeira, teve início nessa época, por conta das montagens levadas. O pessoal comentava e a gente corria atrás para conhecer e saber do que se tratava, pois a cada semana havia um autor novo sendo encenado. Esse fenômeno deve ter ocorrido com você também, era um ponto obrigatório para nós estarmos informados a respeito dos autores e da vida cultural do país e lá de fora também. O Dionísio era bem professor de todos nós, dele vinham sempre as melhores indicações.

Aí fizemos *O Sobrado*, que foi a prata da casa. Estava lá praticamente todo elenco da Tupi. *O Sobrado*, que viria a fazer parte da trilogia *O Tempo e o Vento*, de Érico Veríssimo, foi rodado em 55, em São Bernardo do Campo, nos estúdios da Vera Cruz, onde foi montada uma cidade cenográfica. As filmagens demoraram mais ou menos 4 meses. Participaram das filmagens o Fernando Balleroni, o Adriano Stuart, que fazia o Rodrigo, que mais tarde se tornaria em outro livro – *Um Certo Capitão Rodrigo*, Márcia Real, Bárbara Fazio, Lia de Aguiar, Lima Duarte, Dionísio de Azevedo, José Parisi, Tatá, o Luiz Gustavo, Henrique Martins, Galileu Garcia e Roberto Santos, ambos bem jovens, atuavam como assistentes de direção e a direção era do Cassiano e do Walter George Durst, que fez a adaptação. A música composta pelo maestro Luiz Arruda Paes era primorosa.

O filme teve um bom desempenho nos cinemas. Existe uma cópia por aí. Acabei ficando muito amigo do Roberto Santos, e fiz, tempos depois,

Fernando Balleroni, David e Adriano em O Sobrado

alguns filmes dele: *Os Amantes da Chuva*, com Hauber Rangel, Beth Mendes; *Nasce uma Mulher*, Marlene França e outros.

A Vera Cruz estava enfrentando sérios problemas financeiros e ficou sendo gerida pelo Abílio Pereira de Almeida, muito ligado ao Franco Zampari e ao Cicillo Matarazzo, que nessa ocasião estavam fora do negócio. Nessa época o Abílio

começou a dirigir algumas peças de sua autoria na Tupi e contou ao Cassiano que todo o equipamento de Vera Cruz estava parado, e se não havia interesse da Tupi em realizar um filme lá. E assim rodamos o filme naqueles estúdios meio abandonados. Foi uma grande aventura e aprendizado, pois nenhum de nós tinha participado de um filme antes.

Na televisão, eu tinha grande facilidade para decorar textos e fazia televisão com tanto prazer, que nunca me deu trabalho. Não atrapalhava meus estudos porque, já naquela época, eu sabia o quanto era importante estudar, coisa que eu fazia com facilidade. Freqüentar a escola era extremamente prazeroso, de forma que dava para conciliar, perfeitamente, televisão, estudos e jogar bola, porque ninguém é de ferro.

Aqueles foram anos tão felizes e descontraídos que até hoje, eu ainda acho que atuar não é um trabalho, esse desempenho está muito associado ao prazer, a uma brincadeira, a um jogo.

Tanto que mesmo depois de casado, continuei atuando, fazia o Teatro de Arena, e a minha mulher, a Lígia, trabalhava no Centro Regional de Pesquisas Universitárias, na Pedagogia, e ela dava um duro danado, só era liberada para assistir às aulas, ficava lá mais de oito horas por dia e computava quanto eu ganhava em proporção ao trabalho dela. Eu ganhava em duas horas de trabalho o que ela levava quase um mês para ganhar e me divertia muito.

Como contei, somos quatro filhos, meu irmão mais velho, o Mliton, era 5 anos mais velho, aí vêm o Raimundo, eu e o Toninho. O Raimundo virou fotógrafo e trabalhou lá na Tupi por uns tempos e o Toninho, o mais novo, também trabalhou por lá, como assistente de direção. Ficou na Tupi até o fim e, atualmente, virou diretor de novelas, trabalha há 12 anos em Lisboa e na cidade do Porto, Portugal, dirigindo novelas por lá. No desempenho de ator, na minha casa só eu, mas meu irmão caçula foi o único que continuou na profissão. Aconteceu uma coisa curiosa, na minha família, comecei a ganhar bem, mais que meu pai e passei a assumir minha família, apesar de não ser o filho mais velho. Fazia isso com muita naturalidade, nunca me senti importante por isso ou quis mandar nos outros por causa do suporte financeiro que dava.

Meus pais tinham muito orgulho de mim e do meu trabalho na televisão, eu dava o meu dinheiro para minha mãe e ela administrava como queria ou podia, e a verdade é que o dinheiro rendeu, pois acabou até fazendo uns investimentos em meu favor.

Eu tinha uma coisa dentro de mim, que me obrigava a fazer tudo muito certo, com responsabilidade, algo me dizia que eu não podia errar, falhar. Isso era um diferencial entre mim e os demais garotos da minha idade. Além disso, eu mesmo que pagava meus estudos, isso dá uma maturidade muito grande.

Na época do ginásio, eu fazia o Pedrinho, no *Sítio*, e os meninos, meus colegas, me odiavam por isso, me gozavam. E eu tive que desenvolver esse lado, que eu faço até hoje, de me relacionar bem com as pessoas e conseguir virar o jogo em meu favor.

Na época do clássico, no Colégio Paes Leme, eu mesmo fiz minha matrícula, garanti os pagamentos das mensalidades, coisa inusitada, pois os estudos de todos os alunos eram bancados pelos pais, eu era a única exceção. Aplicaram até um teste psicológico ou psicotécnico em mim. Comecei a assumir responsabilidades de homem muito cedo, mas apesar disso, não tinha privilégios especiais na minha casa, era tratado da mesma forma que meus irmãos. Na classe, acabava me distinguindo dos demais, pois eu tinha uma bagagem cultural acima da média, sabia muitas poesias, muitas peças de teatro, já tinha lido muita coisa e eu passava sempre entre os primeiros da classe, as meninas, por causa da televisão viviam me assediando Isso tudo junto, começou a causar mal-entendido nos meninos, que passaram a me encarar como um concorrente desleal. Era preciso ter um jogo de cintura imenso, mas acontece que eu também jogava um bom futebol, pois fora criado nas ruas do Sumaré e assim acabei conquistando a molecada também.

Fiz, além dos programas infantis com o TESP, *Os Menores da Semana*, que apresentávamos juntos, uma novela - *O Palhaço* -, com Sonia, o Jayme Barcellos e outros, também apresentávamos, Sonia, Adriano e eu o *Pim Pam Pum, Ciranda Cirandinha;* fiz também muitos programas no *Teatro de Romance*, que embora não fossem propriamente infantis, as crianças e os jovens gostavam muito pelo teor de aventuras que os programas continham. Tratava-se de seriados, com duração de dois a três meses, semelhante às minisséries de hoje.

Entre eles, lembro-me de *Os Três Mosqueteiros, Robin Hood* e outros.

Fiquei na Tupi de 1954 até 65. Eu ainda fiz algumas coisas, em 64, entre elas, uma novela do Geraldo Vietri, que era um grande amigo meu, chamava-se *Dr. Valcourt*, com Sergio Cardoso, Nívea Maria, eu era um escravo e era o par da Meire Nogueira, e fazia também o *Teatro de Arena*. Naquela época, não sei por que a Tupi proibiu seus artistas de fazer teatro, somente dois estavam liberados, o Lima e eu. Assim, continuei trabalhando no *Teatro de Arena*, fazia *Arena Conta Zumbi*, estudava na faculdade, era muita coisa, ficava muito cansado, e estava me desinteressando pelo trabalho na televisão, então quis sair da Tupi. Orientado pelo Cassiano, que me aconselhou a negociar, pois eu tinha

Cenas do Sítio do Pica-pau Amarelo: *Edi Cerri (Narizinho), Lúcia Lambertini (Emília), Dulce Margarida (Dona Benta), Hernê Lebon (Visconde) e David José (Pedrinho)*

David José, Adriano Stuart e Percy Aires em cena do TV de Vanguarda

estabilidade, na casa e se fizesse um acordo, receberia um bom dinheiro. E foi assim, entrei num acordo e peguei um bom dinheiro. Terminei a faculdade, continuei no Arena, em 64, 65, 66, início de 67, com *Arena Conta Tiradentes*. Minha mãe morreu, em julho de 67, fiquei muito abalado, terminei a faculdade e comecei a procurar por uma bolsa de estudos na França. Consegui no final de 67, e iria em seguida me casar com a Lígia, pois naquela época as moças só viajavam com os rapazes casadas.

Neusa Borges e David José no Grande Teatro Tupi

Fui convidado para ir para a Excelsior, o salário era altíssimo, mas recusei porque a bolsa de estudos que eu batalhara tanto saíra e aquela era minha prioridade no momento.

A vida na Europa foi dura, mas não me arrependo. Eu assumi o risco para sair do Brasil e ir estudar na França com uma bolsa de estudos de apenas U$ 100.00, num momento em que talvez eu pudesse ganhar um bom dinheiro, profissionalmente. Mas o mais importante para mim, naquela época, era curso e, apesar do pouco dinheiro, a gente se virava, fazendo outras atividades, foi um período muito bom da minha vida, no qual também fiz grandes amigos, foi uma experiência marcante na minha existência.

IV. Cidinha Campos

Pretendia encontrar Cidinha Campos no Rio de Janeiro e entrevistá-la, pessoalmente. Infelizmente não deu. Faz muito tempo que não vejo a Cidinha, por força das circunstâncias e das ocupações de cada um, mas a amizade transcende as barreiras do tempo e da distância; lendo seu escrito e lembrando-me de nossa aventuras infanto-juvenis, voltaram o carinho e o afeto que um dia compartilhamos.

Enviei-lhe um e-mail com as perguntas. Eis suas respostas:

Comecei na TV cantando no *Clube Papai Noel*, na Rádio Tupi de SP em 1949 ou 1950, levada pelo saudoso professor Francisco Dorce. Tinha voltado de Portugal com sotaque e ele achou que isso seria curioso. Fui para o programa infantil que ele produzia e dirigia. Enquanto você, Sônia, dizia poemas e era considerada a menina prodígio de São Paulo, eu apenas cantava no *Clube Papai Noel*.

Não sei exatamente quanto tempo fiquei cantando no *Clube Papai Noel*, mas foi um tempo muito bom. Foi nesse primeiro trabalho que eu, com certeza, sedimentei meu senso de responsabilidade. Éramos crianças, mas não brincávamos em serviço.

Ensaiávamos a semana inteira para uma única apresentação. Era uma vida de trabalho e respeito. Fiz com sua irmã Márcia, por exemplo, um teatrinho que seu pai dirigiu chamado *A Órfã e a Enjeitada*. Eu era uma, não sei exatamente qual, e sua irmã era outra. E, isso era encarado com seriedade por nós e, com respeito pelos adultos. Foi nessa época que eu conheci a extraordinária Laura Cardoso, até hoje dando aula de interpretação na TV Brasileira. Conheci, também, Walter Stuart com quem tive a honra de fazer o *Olindo Topa Tudo*. Num dos programas fui jogada na piscina da TV Tupi, sem saber nadar e fui salva ao vivo, em branco-e-preto, pelo filho do Walter, Adriano Stuart. Cadê ele? Quanta saudade!

Depois da TV Tupi de SP, fui para a TV Record de São Paulo, aos 14 anos de idade, onde fiz a primeira novela das 6h da TV brasileira chamada *Lili*, ao lado de Randal Juliano. Fazia comerciais, fiz a série de teleteatro *Sábado 11 horas*, em que apresentávamos, toda semana, uma adaptação de grande autores como: Máximo Gorki, Tenneesse Williams, Shakespeare... Nós não deixávamos barato, não! Depois, fiz ainda na Record, a *Família Trapo*, o *Programa da Hebe*, *Dia D* e *Cidinha 70*. Depois, no Rio trabalhei na TV Tupi, programa *Cidinha Livre* e fui para a TV Globo onde participei, durante um ano, do programa *Fantástico*, tendo sido a primeira repórter internacional dessa emissora. Depois, fiz ainda alguns programas na Bandeirantes e na CNT.

Em seguida, deixei a televisão fiz, durante muitos anos, o show *Homem Não Entra* e fiquei 20 anos me dedicando ao rádio. Fiquei na TV por, sei lá quanto tempo. Pelo menos, de 1950/1951 a 1978/1979

Hoje em dia, com exceção do *Sítio do Pica-pau Amarelo*, eu vejo a televisão usando crianças em programas de adultos e não programas infantis de televisão. Não quero cometer nenhuma injustiça com a Xuxa. Não sei como é o programa dela. Me parece que mudou tudo. Ou, como disse o poeta: *Mudaria o Natal, ou mudei eu?*

Minhas atividades no momento: depois de ficar por dois mandatos na Câmara Federal, cumpro o meu segundo mandato na Assembléia Legislativa do Estado do Rio de Janeiro.

Um beijo para você, Sônia. Sem mais nenhuma consideração sobre meu trabalho. Este questionário serviu para matar a saudade de gente boa como você.

V. Sonia Wippich Jorge

Sonia foi contemporânea de Sonia Maria Dorce, atuando no Clube Papai Noel. *Enviei-lhe um e-mail e eis suas respostas:*

Meu nome completo na época: Sonia Maria Wippich, hoje acrescido de Jorge. Eu cantava no *Clube Papai Noel*. Quem me levou ao programa, certamente, foi minha mãe, pois comecei a cantar com três anos de idade, sentada ao piano do seu pai. Fomos contemporâneas, Sonia e eu. Lembro-me até de um filme em que você tinha uma participação e alguns de nós fomos convocados. Esse filme era o *Queridinha do Meu Bairro*. Comecei a cantar, quando ainda não tínhamos televisão, em 1950 – *só pra você eu tenho coragem de dizer isso!!!* – e parei por volta de 61 ou 62.

Onde estão as crianças na TV hoje em dia? Só as vejo nas novelas da Globo. Pequenos grandes talentos, sem dúvida, pois para aparecer na telinha, hoje em dia a mídia não permite arriscar! Não sei exatamente sobre o que vai versar o seu livro. Seria uma autobiografia? De qualquer forma, parabenizo-a desde já pela iniciativa. As pessoas estão carentes de ouvir falar de uma época na qual imperava o respeito ao ser humano por ele mesmo.

Hoje, sou professora de Inglês, mãe de 5 filhas, avó de 2 netos, além de presidir com meu marido uma instituição que congrega 140 seccionais em todo o Brasil, voltada à excelência no relacionamento entre pais e filhos, denominada *Escola de Pais do Brasil*.

VI. Lia Rosenberg

Fui para a PRF3 – TV Tupi em 1951, aos 5 anos de idade, levada pelo Júlio Gouveia, amigo do meu pai. Eu era o anjinho da asa quebrada, no *Sítio do Pica-pau Amarelo*, e todos os papéis de criança loirinha nas *Fábulas Animadas* ou no *Teatro da Juventude*.

Nunca estivemos – Sonia e eu – no mesmo *palco*. Mas dividimos o estúdio, sim! Eu era fã daquela menina doce e talentosa, que chamavam de *Shirley Temple brasileira*... Às vezes, conversamos no estúdio, mas eu era assídua espectadora dos seus programas pela TV mesmo! Como eu adorava fazer televisão, pensava que ela ia ser muito feliz porque seguiria a carreira, coisa que meu pai jamais permitiria! Lembro-me dela ao piano e no comercial da *Casa Clô*, uma fofa!!!

O *Teatro Escola São Paulo* foi um marco na teledramaturgia, ainda que a gente não usasse esse nome na época.

Os textos eram trabalhados como se fossem peças, só depois que a gente ia pro estúdio e fazia as marcações de câmera. Mas aí estava tudo pronto... Tinha a Lúcia Lambertini, minha irmã Lidia Rosenberg, o Sergio Rosenberg, David José, Rafael Golombek, Felipe Wagner, Suzi Arruda, José Serber, Dulce Margarida... Para mim durou pouco, uns 5 anos, depois meu pai proibiu terminantemente. Talvez ele soubesse o que estava fazendo, duvido que um dia eu largasse por vontade própria!

Para mim a televisão daquela época foi uma escola, só que muito melhor! Responsabilidade, consciência profissional, motivação – a gente dava o sangue para tudo sair direito...

Mas era muito difícil ser criança, naquele tempo... A TV permitia escapar das ordens dos adultos e ficar mais solta entre eles, que lá também pareciam mais crianças...

Um episódio curioso: teve um capítulo do *Sítio*, quando o anjinho ia voar, voltando para a nuvem de onde tinha caído, com a asa consertada. Prenderam-me num cabo de aço, enrolado em volta da cintura, um mecanismo muito seguro e que tinha me deixado encantada nos ensaios, parecia que eu voava mesmo! Mas, na hora, alguém amarrou a camisola apertada demais no meu pescoço e eu tive pena de pedir pra mexer naquela complicação toda, achei que podia agüentar até a hora de entrar em cena. Eu estava em pé num banquinho, atrás do cenário. Sei que fui ficando roxa e a Suzy Arruda viu de longe, atravessou pelo meio do cenário, passou na frente da câmera e veio me salvar...

Eu decorava o texto inteirinho, ficava servindo de ponto pros colegas todos... Era engraçado, acho que criança tem mais facilidade pra decorar, né? E o texto da Tatiana Belinky era tão bom que parecia que era a gente que tinha escrito cada fala, tão natural! Os ensaios eram a melhor parte do trabalho, lá no TESP, com o Júlio passando as dicas de como cada um estava se sentindo em cada cena e tal... Foi o trabalho que mais me deu prazer, até hoje!

Era um trabalho que não me atrapalhava nada, ao contrário, alargava horizontes, desenvolvia habilidades, ampliava o repertório. Mas podia me levar a escolher esse caminho como profissão e meus pais não acharam graça, para eles era vital que eu estudasse muito e tivesse outra profissão, essas coisas. Saí, então em 1956, devido à proibição do meu pai.

Hoje em dia, tem muita coisa legal para crianças na TV, principalmente o *Rá-Tim-Bum* e o *Discovery Kids* também.

E eu acho que o papel da TV na formação das crianças depende, sempre, dos pais. Outro dia, meu neto de 4 anos desligou a televisão e me disse: *Se eu vir muita televisão eu fico burro!* Assim mesmo, com o verbo conjugado e tudo! Pra ele, a TV ajuda. Antes que atrapalhe, ele desliga. Sou a favor de horário para criança assistir à TV. Os pais têm que fixar limites, como bem disse o meu neto... Tenho 3 netos, um ainda é bebê, mas os outros dois, de 4 e de 2 anos, assistem à TV, com limites. Curtimos muito alguns programas. Acho uma delícia poder ficar com eles na cama, olhando para a tela e brincando. Atualmente, sou consultora de projetos educacionais e trabalho em casa para clientes diversos.

VII. Edi Cerri

Fui até o bairro de Morumbi, em São Paulo, num elegante condomínio, numa ensolarada, mas fria manhã do mês de junho, entrevistar Edi Cerri. Aqueles que vivenciaram os anos 50 e 60, na televisão, devem ter em mente, como eu, o personagem que a caracterizou: Narizinho. Ninguém conseguiu encarnar melhor o espírito da menina meiga e dengosa, de nariz arrebitado, criado por Monteiro Lobato. Os anos passaram, mas Edi conserva a meiguice e a ternura do personagem.

Antes de responder às minhas perguntas, falou da satisfação que sentia em receber-me em sua casa e também do imenso prazer em poder colaborar com este livro. Disse que gostava muito de mim, que se lembrava muito de mim na televisão, que era minha fã e que sentia muito a gente nunca ter podido representar juntas. Apesar de nenhuma das duas se lembrar, trabalhamos juntas sim. Segundo registros da própria Edi, que consultei depois, verifiquei que elas fizeram juntas um Teatro da Juventude – eis o que nos diz um recorte de jornal:

Com a apresentação do programa para as 12,05 h, o Teatro da Juventude vai também prestar suas homenagens ao 9 de Julho, encenando O Último Ramalhete, *relembrando os acontecimentos da Revolução de 32. Sonia Maria Dorce será a estrela, como atriz convidada, contracenando ao lado de Edi Cerri, David José, Lúcia Lambertini, Felipe Wagner e outros elementos do TESP. Na abertura e no encerramento do espetáculo, teremos a participação do Coral do TESP, integrado por 26 elementos, sob a direção de Wilma Camargo, para cinco vozes do poema de Guilherme de Almeida –* Bandeira Paulista.

(Jornal Diário da Noite)

Meu nome completo é Edi Neide Cerri (*pronuncia-se o C como CH, do italiano*), agora depois de casada, Genovese, nome de família de meu marido, o Dr. Walter Genovese.

Comecei em 19... E bolinha, talvez 53, tem certas coisas que eu não lembro muito bem; no TESP num casarão na casa da família do Júlio Gouveia, acho que no bairro da Liberdade. Eu tinha assistido ao *Sítio*. O programa tinha ido ao ar algumas vezes, e eu fiquei encantada com aquela menina, neta de Dona Benta, e pus na cabeça que seria a *Narizinho*, quem fazia na época, antes de mim, era a Lídia Rosenberg. (Lígia é hoje uma renomada psicóloga).

Eu descobri que o TESP – Teatro Escola de São Paulo – era o responsável pelas apresentações, então, eu e alguns amigos, fomos até lá. A gente tinha um grupo de teatro, coisa simples, um teatro de fundo de quintal. Mostramos algumas coisas que sabíamos e, ao que tudo indica, o Júlio Gouveia gostou um pouquinho.

Perguntei para meus pais se podia, se estavam de acordo, meu pai era um homem de cabeça muito aberta e concordou logo com a idéia e disse: *Tudo bem, mas cuidado para não se decepcionar.* Acho que ele não descobrira minha veia artística, naquele tempo.

Então, eu me apresentei para o Júlio Gouveia, afirmando: *Quero fazer a Narizinho. Mas não serve outra coisa?* Ele respondeu.

Eu peremptória insisti: *Não, só serve a Narizinho.*

Diante da minha convicção, o Júlio me pediu para fazer alguns testes, de interpretação e, depois no estúdio, para o teste de fotogenia no Canal 3, na antiga TV Tupi. Parece que quem patrocinava era a *Cica* (ou qualquer empresa no gênero) e eu fiquei comendo uma marmelada, goiabada, coisa parecida e creio que fui aprovada.

Oportunamente, a Lídia, que já estava ficando mocinha, ia sair, então, o lugar me foi oferecido e eu interpretei a Narizinho durante mais ou menos quinze anos.

Muitos anos na TV Tupi e depois quando o programa era transmitido na TV Bandeirantes, Canal 13. Mesmo depois de casada, continuei fazendo esse papel.

No início eu fazia o *Sítio de Pica-pau Amarelo*, *Fábulas Animadas* e o *Teatro da Juventude*, os seriados, espécie de novelas, trabalhava exclusivamente para o TESP, sempre com o Júlio Gouveia. Primeiro, como amadora e aos poucos, fui-me profissionalizando. Depois, fui convidada para fazer alguns programas para a TV Tupi, como atriz convidada, entre eles, o famoso *TV de Vanguarda*. Datas não são meu forte. Mas depois que encerrei o trabalho do *Sitio* na Tupi, mais ou menos na época em que o Júlio deixou o programa, por volta de 1963, creio, fui para o Canal 2 - TV Cultura, uma passagem no Canal 9 Excelsior, fiz o *Sítio* na TV Bandeirantes, fui para o Canal 7. Foi uma caminhada.

Meu encontro com Júlio Gouveia e Tatiana Belinky foi a melhor coisa que pôde acontecer na minha carreira e no meu aprendizado como atriz. Aprendi tudo com esse casal encantador! O Júlio era psiquiatra, e tinha uma enorme capacidade de lidar com a gente, com os atores, que eu nunca vi igual em nenhum outro diretor. Tenho a impressão que, hoje em dia, não há no meio artístico uma pessoa com a formação e com o espírito do Júlio Gouveia. Para você ter uma idéia do espírito que regia o TESP, eu e outros companheiros estudávamos e ele nunca deixou que a gente faltasse às aulas para os ensaios. Eu ia quando eu podia, no horário que fosse mais conveniente, a gente procurava conciliar os horários. Ele fazia isso com todas as crianças.

Tatiana Belinky

Os estudos das pessoas, estavam em primeiro lugar. Ele era muito humanitário, sempre pronto a ouvir os problemas, sempre tinha uma palavra de carinho para cada um de nós.

A Tatiana ficava mais na parte da escrita e da adaptação, a gente não a via muito. Mas, nas vezes que aparecia, era uma festa, pois ela era muito alegre e divertida.

O TESP era uma associação de amigos do teatro, com intenção de fazer teatro amador com seriedade. Foi celeiro de grandes artistas. Eu tive minha formação ali, o David José, Felipe Wagner, a Susy Arruda, Wilma Camargo, a Lúcia Lambertini, enfim muita gente boa. Os ensaios eram feitos num casarão de propriedade da família do Júlio Gouveia e porque era grande e não tinha, para a família, utilidade, chamavam-no de *elefante branco*. Mas era um lugar ideal para os ensaios.

Meu pai era um entusiasta, sempre me apoiou em todas as minhas incursões pela televisão, acompanhando-me inclusive em todas as apresentações, você deve se lembrar. Ele era meu tiete, guardava todas as publicações que saíam a meu respeito, e tinha muito orgulho de meu trabalho artístico, coisas de pai. Na verdade, ele era industrial, e como as audições, geralmente se davam à noite, ele podia me acompanhar, isso era uma questão primordial. Minha mãe ficava mais na retaguarda. Algumas pessoas da minha família não aprovavam meu trabalho na televisão. Temiam as más companhias, resquícios daquela idéia que ator e atrizes eram todos pervertidos. Meu pai nunca acreditou nessa balela, apoiava, mas também me acompanhava. Pessoalmente, nunca tive nenhum problema no meu tempo de televisão e teatro, sempre fui tratada com muito respeito e carinho por meus colegas e por toda a equipe de trabalho. Eu creio que

Lúcia Lambertini, a Emília *do* Sítio do Pica-pau Amarelo

isso também faz parte da criação que a gente teve, e leva consigo para a vida e para todos os lugares que freqüenta. Mais tarde, quando meu pai, por razões profissionais, não pôde mais me acompanhar, a Lúcia Lambertini passou a ser, digamos, a minha *guardiã*, mas mais por prazer pessoal, pois nos tornamos grandes amigas.

Meus colegas no *Sítio* eram Lúcia Lambertini, que fazia a Emília, Sidnéia Rossi, que no começo fazia Dona Benta, depois veio a Susy Arruda, a Tatiana, também fez a vovó Benta, algumas vezes, Leonor Lambertini Pacheco, irmã da Lúcia, Tia Nastácia era a Benedita Rodrigues, Pedrinho, o primeiro, foi o Julinho Simões, o Sergio Rosemberg, e o mais famoso foi o David José. O Visconde de Sabugosa era feito inicialmente por Rubens Molina, depois Luciano Maurício. A seguir veio aquele que se caracterizou no personagem e ficou por muito tempo, Hernê Lebon, e em seguida o Jorge Onhet, José Roberto Orozco; o Dr. Caramujo era o Paulo Bergamasco, o Rabicó foram vários entre eles, o filho da Tatiana, o Ricardo Gouveia.

Além do Narizinho, fiz muitas coisas com o Júlio e a Tatiana, entre eles, uma série que se chamou *O Serelepe*, ia ao ar uma vez por semana, fiz *Peter Pan*. No *Teatro da Juventude* fiz muita coisa. Era escalada quase toda a semana. Era algo que fazia com grande prazer.

Fiz também *As Professorinhas*, uma série escrita pela Lúcia Lambertini, que também atuava, e era dirigida por Walter Avancini, mas agora não mais pelo TESP. Foi ao ar pela primeira vez em 1965, pela TV Cultura, depois em 1967 foi para o Canal 7, TV Record, no mesmo formato, o grupo aí era formado por Elizabeth Gasper e Tâmara Restier, uma estória bem ingênua, de duas professoras, chegadas do interior e suas aventuras com os problemas dos alunos e os seus pessoais. Participei das novelas *As Pupilas do Senhor Reitor*, dirigida pelo Dionisio de Azevedo, *O Tempo Não Apaga*, dirigido por Carlos Manga, *40 Anos Depois,* também na TV Record, foi mais ou menos em 67, por aí, nessa época era casada, casei-me em 63.

Em 1959, fui convidada pelo Antunes Filho para fazer no Teatro de Cultura Artística, *O Diário de Anne Frank*. Foi uma experiência magnífica. O teatro era muito grande, não estava dividido como hoje. Todas as noites, ficava lotado. Fizemos uma boa temporada, com crítica favorável. Foi uma oportunidade de me desvencilhar do personagem. Fiquei muito marcada como Narizinho e, naquele momento, queria fazer outras coisas.

A companhia se chamava *Pequeno Teatro de Comédia*, e os sócios eram Antunes Filho, Armando Bogus, Luis Eugênio Barcellos, Nagib Elchmer, Nelson Cortes Duarte, Rubens Jacob e Felipe Carone, que também atuava. Os atores eram Elias Gleizer, que fazia meu pai, Otto Frank, Lea Surian, minha mãe, Walter Avancini, Alzira

Cunha, Cecília Carneiro Corinaldi, Maria Célia Camargo e muitos outros. Como assistente de direção, estava o Walter Negrão.

Valeu muito como aprendizado, pois cada noite a gente tinha um espetáculo diferente. Pelo fato de eu ser menor, meu pai precisou pedir uma autorização do juiz de menores para eu poder atuar. Ficamos muito tempo em cartaz, não chegou a um ano, mas foi bastante tempo, depois a peça foi viajar para o interior.

Aconteceu até um fato interessante, numa das audições. No final do espetáculo, na hora dos agradecimentos, uma senhora judia subiu no palco e, abraçando-me chorando, dizia: Eu *te conheço Anne, eu te conheço Anne!* Certamente deve ter conhecido a verdadeira Anne Frank e o espetáculo deve tê-la emocionado.

Fiz ainda o Teatro de Arena, que estava começando e estreamos a peça *Dias Felizes*, de Antonio Puget, direção de José Renato, tendo como assistente de direção Beatriz Toledo de Segall e os atores Méa Marques, Vera Gertel, Gian Francesco Guarnieri, Oduvaldo Viana Filho e Sergio Rosa. Viajamos muito pelo interior com a peça.

Ninguém me ajudava com os *scripts* no começo, pois já era bem grande e alfabetizada, começando o curso ginasial da época. Fazia o trabalho sozinha e com muita facilidade, pois até então, minha cabecinha funcionava muito bem, e eu ia aos ensaios sempre com o texto decorado, eu tinha memória visual e ficava tudo bem guardado e, às vezes, também ajudava outros atores em apuros. A gente ensaiava muito, principalmente no TESP, pois o Júlio era muito rigoroso e além disso, tudo era ao vivo e nada podia dar errado. Os cenários eram muito precários, sem muitos recursos. Tenho uma foto que mostra uma farmácia em que os vidros de remédio eram pintados diretamente, as estantes de livro da mesma forma, mas a verdade é que o efeito funcionava. As florestas eram os matos, retirados de alguma cerca, lá de perto da Tupi mesmo, presos ao chão, e pronto aquilo virava uma selva improvisada. Mas o visual era bom. As comidas eram verdadeiras gororobas, o macarrão boiando no prato, hoje em dia, chega-se ao requinte de garrafas de champanhe em cena. Naquele tempo, comer em cena era um martírio!

Em geral, eu não fazia cena de beijos, como você também não fazia, que eu sei. Mas como eu era um pouco mais velha e, depois de deixar de fazer o *Sítio*, representei papéis adultos e, em algumas vezes, apareciam cenas de beijo. Em verdade, beijei uma única vez o Rolando Boldrim, na novela *O Tempo Não Apaga*, na TV Record. Teve uma reunião lá em casa e foi tudo combinado com o diretor Waldemar de Moraes que com o Rolando foram lá explicar a cena para o meu marido e sanar qualquer dúvida. Tudo seria feito dentro do maior respeito com técnica e espírito profissional. Assim o beijo saiu, um selinho como se costumava fazer na época, mas também foi o único, nunca mais.

Depois de minha experiência no TESP, fiz *Vamos Brincar de Escola*. Era um programa para crianças, no qual eu já adulta contava estórias infantis, como uma professora e um flanelógrafo, um ajudante, que trabalhava com quadro de flanela e figuras aderente com desenhos alusivos às estórias, ia colocando imagens, como as crianças desejassem. Era uma coisa bem simples, sem tecnologia, mas as crianças tinham grande interatividade e soltavam a imaginação. Foi ao ar pela TV Cultura e depois pela TV Bandeirantes. Era um programa muito simples, mas funcionava. A gente recebia muitas cartas das crianças e dos pais.

Sou professora, como quase todas as moçoilas da minha época. Dei aula por muito tempo. Tive uma escola, situada na Al. Lorena, que se chamava *Casa do Narizinho*, que na verdade era um jardim-escola, trabalhei ali de 1962 até 1970, por lá passaram os filhos da Lucia Lambertini, Lucinha e Fábio, bem como os filhos da Ruth Escobar, a Patrícia e o Cristian.

Eu parei com a televisão porque realmente me cansei daquele ritmo alucinante. Como bem dizia o Júlio Gouveia: *Televisão é uma fábrica de fazer doidos*. Quando era menina, achava que a frase não fazia sentido. Aquilo fazia parte da minha vida. O tempo foi passando e, de repente, percebi que o Júlio estava com a razão. Quando eu tive que caminhar com minhas próprias pernas, sem Júlio Gouveia na retaguarda, eu percebi que ele estava certo e realmente quando senti que havia perigo de ser tragada pela engrenagem, eu pulei fora. Foi por volta de 1972/73. Fiquei estigmatizada pelo personagem *Narizinho* e por algum tempo tentei me livrar desta marca, mas depois eu compreendi que *Narizinho* faz parte do meu eu interior. Hoje, passado tanto tempo, eu posso dizer, sem nenhum medo, eu sou Narizinho.

Não senti falta de atuar, foi uma decisão definitiva. Hoje em dia, quando assisto a algum programa e vejo um personagem que se adequa a mim, penso: *até que gostaria de fazer esse papel*. Mas tudo isso fica só na imaginação do momento. Tenho boas lembranças, contudo nenhuma vontade de retornar e nem sinto falta daquilo tudo. Meu palco é aqui mesmo dentro da minha casa, cuidando da minha filha Adriana, do meu marido Walter, da minha empregada, dos meus cachorros; para cada um faço um tipo de representação.

Represento 24 horas por dia, eles estão acostumados, e nem ligam mais para isso, mas canalizo minha veia artística, através das minhas pinturas e de meus quadros. Virei artista plástica, ganhei alguns prêmios com meus quadros e estou muito contente com essa atividade.

Vejo, sim, televisão atualmente. Vejo novela, jornalismo, variedades, enfim, quase tudo. Estou assustada com a exposição de violência e sexo gratuito na TV. Mas tenho que reconhecer que existe ainda, felizmente, muita coisa boa, sobretudo aquilo que é produzido pela Maria Adelaide Amaral, Walter Negrão, por exemplo; cito essas pessoas porque estão mais próximas, não vou citar nomes, porque poderia esquecer de alguém. Tem coisa boa, mas infortunadamente muita coisa ruim.

Desgraçadamente, tirando a programação da TV Cultura, não há mais nada de relevante endereçado ao público mirim. Os desenhos vêm prontos e nada têm a ver com nossa realidade. Só há consumismo, muita violência, nada realmente construtivo. Não há preocupação dos diretores de empresas de televisão em criar uma vertente para as crianças, que ficam soltas à programação com alguns espetáculos especialmente destinados a elas.

Eu acho que na minha, como na sua vida, a televisão teve muita importância porque foi parte da nossa formação como pessoas, não é? Nós vivemos nossa infância, nossa juventude lá dentro. Havia um sentimento de união e solidariedade entre as pessoas e o sucesso de um comunicava-se a todos. Era um ambiente saudável e muito enriquecedor. Nós éramos crianças, trabalhando para crianças e falando a linguagem deles, naturalmente, sem muita sofisticação. Até o momento em que eu percebi que tudo aquilo que fora tão prazeroso, numa época, estava se tornando um fator de desagrado e desconforto na minha vida. Foi então que decidi pôr um fim e parei definitivamente. Parei consciente, sem traumas e parti para outra.

VIII. Nilton Travesso

Fui encontrar o Nilton Travesso numa manhã fria de julho na escola que ele mantém e dirige – Oficina de Atores Nilton Travesso, em Pinheiros. Fiquei encantada com o lugar, muito bem instalado e o que é mais importante, ele próprio vibrante e cheio de boas idéias.

Eu era muito jovem, por volta dos anos 50, com 16 para 17 anos, estudava canto e fazia figuração, o coro no Teatro Municipal, era o que se chamava de *comparsa*. Vivenciar aquele momento, para minha formação, foi muito importante, tive a oportunidade de presenciar grandes estrelas do *bel canto*, pois aqueles foram os tempos das grandes companhias líricas em visita ao país, coisa que jamais voltou a se repetir com aquela intensidade. Tudo era fantástico, os cenários, figurinos, os cantores e cantoras, enfim, um verdadeiro deslumbramento para aquele menino que a tudo assistia, era um espetáculo impressionante. A vida da gente, às vezes, você sabe, não somos nós que conduzimos, tem alguém muito mais forte e sábio do que nós, que nos leva pelos caminhos, que não escolhemos. Assim, houve uma mudança muito grande na minha vida quando perdi meu pai e restamos, minha mãe, minhas irmãs e eu. Era preciso, no entanto, seguir em frente e, no meu caso, significava ganhar dinheiro, tendo um amigo me informado que, pelos lados do aeroporto, o Dr. Paulo Machado de Carvalho estava montando um canal de televisão, a futura TV Record, e precisava de gente nova, pois não queria ninguém de outras emissoras. Na ocasião, já existia a TV Tupi – Canal 3 e a TV Paulista – Canal 5. Eu já me interessava por cinema, estava, inclusive, fazendo um curso no Museu de Arte Moderna e achei que poderia ser uma experiência interessante.

Nós éramos 48 candidatos e só ficariam 14 e acabei entre os escolhidos. E lá a gente aprendia iluminação, câmara e direção de TV. Comecei a trabalhar e a estudar à noite. Estudava no Colégio Paulistano e terminei o Colegial, pois na Record, a gente trabalhava até as duas da manhã e não dava para pensar em continuar os estudos. Eu tive muita sorte de conviver com grandes mestres e a chance de aproveitar tudo isso. Trabalhei com Adolfo Celli, Carla Civelli, Rugiero Giacobbi, e com o grande mestre Ziembinski, que me ensinou a dirigir atores. Nós fazíamos no *Teatro Cacilda Becker* peças completas, tudo ao vivo. A televisão daquele tempo era muito rica em dramaturgia, na TV Tupi vocês tinham grandes teatros, como o *Grande Teatro Tupi*, o *TV de Vanguarda* e depois o *TV de Comédia*.

Tudo isso foi um grande e valioso aprendizado. Era tudo meio mágico para mim, primeiro como telespectador, apreciando o Cassiano, o Lima, o Dionísio, O Durst, na Tupi, e depois tendo a oportunidade de viver esses momentos como profissional, na TV Record.

Eu inaugurei a Record em 1953, no mesmo dia eu fiz câmera e ator, numa peça dirigida por José Renato, de autoria do Miroel Silveira, chamava-se *Garoto 53*. Na primeira parte do espetáculo, funcionei como câmera, a partir das 11 horas da noite, fui para o camarim e à custa de maquiagem, transformei-me em ator.

Estavam comigo Raquel Martins, John Herbert, Helio Souto e outros. No entanto, minha carreira de ator não durou muito, fiz *Jane Eire*, dirigida pelo Zequinha Martins da Costa, eu era o John, não me entusiasmava trabalhar na frente das câmeras. O que eu queria mesmo era ficar por detrás, dirigindo e foi o que fiz, na maioria das vezes. Eu sempre soube que as pessoas que aparecem na frente das câmaras precisam de uma boa retaguarda e eu acho que soube administrar esse assunto. Entender o drama pessoal de cada ator, respeitar o momento de cada um, além de seus próprios problemas. Um diretor precisa ter sensibilidade, inclusive para entender cada ator, as vaidades, os temores, enfim uma série de fatores, caso contrário, as coisas não funcionam. Muitas vezes, o ego dos atores fica muito alto e, quando a vaidade supera a inteligência o diretor tem que ter pulso firme para não se perder. Tive muita sorte e, numa das vezes, quando já estava consolidado na profissão, acabei ganhando o prêmio Roquete Pinto como *Revelação do Ano*, imagine, só! (Ele ganhou muitos outros prêmios, inclusive o próprio Roquete Pinto, como diretor).

Mas os primeiros tempos na Record, acho foram os mais emblemáticos para minha carreira, pois significaram minha afirmação como profissional. Por ser o início da televisão, fazíamos de tudo e, assim, abríamos a possibilidade do aprendizado.

Além disso, a família Paulo Machado de Carvalho, era muito receptiva e tratava-nos com muito carinho e tinha um interesse especial por todos os funcionários. Dona Maria Luisa, mulher do Dr. Paulo, freqüentava os estúdios, assim como Regina e Margot, mulheres de seus filhos, davam muita força para gente. Além disso, entre os artistas também havia uma camaradagem muito salutar. O Agnaldo fazia o programa da Hebe e vice-versa. A gente conseguiu fazer uma grande ciranda, na qual todos davam as mãos. Esse foi o segredo da Record, que deu muito certo e refletia na audiência recebida pela emissora. As pessoas perceberam que aquele era um momento especial, no qual a gente estava fazendo uma coisa importante para elas. Dr. Paulo ficava na administração geral, secundado pelos filhos

Alfredo e o Tuta, Antonio Augusto Machado de Carvalho, que hoje é o dono da Jovem Pan. Havia uma grande camaradagem entre nós e até hoje cultivo as amizades feitas naquele tempo.

Fiz de tudo, na Record, dramaturgia, musicais, programas infantis, dirigindo e produzindo e além de participar das temporadas internacionais, até mesmo dos festivais de música popular, que foram um ponto alto na Record. Depois, a partir de 64, as coisas foram-se complicando para a televisão, a censura começou a intervir, a gente não tinha mais liberdade para criar, os censores queriam saber tudo com antecedência, cortavam, às vezes, pontos importantes do programa, sem entender muito bem do que se tratava.

Toda semana, eu ficava na Polícia Federal, às quartas-feiras, explicando os programas na época – *Mixturação* –, que eu fazia com parceria do Pica Pau e lançou entre outros a turma do Ceará – Simone, Ednardo, Belchior e também Secos & Molhados. E como havia realce na encenação do Ney Matogrosso, os censores acusavam-nos de apologia ao homossexualismo, algo considerado, pelos militares, um pecado capital. Eu ficava lá até as 19h e o programa ia ao ar as 21h e as pessoas não sabiam até então o que seria aprovado. E, além disso, freqüentavam o teatro para ver se os cortes eram respeitados, se as letras das músicas eram as mesmas, com medo que houvesse alguma mensagem oculta para os contra-revolucionários, o que de fato, às vezes, acontecia. E para nós, vigiados de perto, era muito difícil trabalhar assim, uma loucura total!

Sobre as temporadas internacionais, quem trazia os artistas, geralmente, era o Paulinho, filho do Dr. Paulo; trouxe o Louis Armstrong, o Nat King Cole, a Marlene Dietrich, que eu dirigi e ela gostou tanto e pediu-me para fazer a direção dos outros espetáculos que ela faria no Jardim de Inverno do Fasano; por curiosidade, o pianista dela, na época era um jovem que se chama Burt Bacharat.

Aqui em São Paulo, eu comecei a fazer a edição, em vídeotape, do *Chico Anysio Show*, que vinha do Rio e era dirigido pelo Manga. O Chico tinha dublês para a entrada e para a saída dos personagens, a gente não entendia bem a coisa, mas depois de muitos erros, foi-se aprendendo e acabou dando certo. Foi, assim, que se deu o fim da TV ao vivo, encerrando também a época mais fantástica e emotiva da televisão, pois, ao vivo, se realçavam o talento, a garra e, principalmente, a emoção de cada um.

Os incêndios na Record foram muito difíceis para todos, foram três no total. O primeiro foi na sede principal, no aeroporto, na Av. Miruna, esquina com a Rubem Berta, onde ainda hoje funciona a Rede Mulher. O incêndio deu-se pela manhã e, às duas horas da tarde, entramos no ar, no Teatro Consolação, local onde eram realizados os musicais e shows internacionais e daí acabou nascendo a *Equipe A*, composta pelo Manoel Carlos, o Raul Duarte, o Tuta e eu. Nós havíamos perdido quase todo o equipamento, muito pouca coisa restara e as três câmeras que ficaram eram as dos primeiros tempos. Mas, mesmo assim, tivemos oportunidade de fazer grandes coisas, com muito pouco recurso técnico. Criamos três plataformas, nas quais as câmeras praticamente não se mexiam. E aí fizemos *Esta Noite Se Improvisa*, com Blota Junior, *Alianças para o Sucesso*, com Paulo Planet Buarque, em que os casais eram postos à prova, o programa da Hebe, com quatro horas, ao vivo, com platéia e atrações internacionais. Depois vieram os *Festivais de Música Popular Brasileira*; a *Família Trapo*, cuja concepção cenográfica era minha, o cenário era de dois andares e só se iluminava o local onde os artistas estavam. Uma coisa interessante é que o programa era escrito pelo Jô Soares e pelo Carlos Alberto de Nóbrega. A gente fazia reunião de pauta para se resolver o assunto do próximo programa. O Jô escrevia até a página 20, o Carlos Alberto da 21 até a 38, depois, juntavam-se as duas partes e se fazia o final e sempre deu certo. Essas coisas todas eram um exercício diário e foram abrindo-se as portas para grandes criações e além disso você não trabalhava na frente de um monitor, medindo o índice de audiência. Era um trabalho no qual a tônica principal era a sensibilidade e buscava-se, antes de tudo a qualidade. Aí o espaço começou a ficar pequeno e fomos nós para o Teatro Paramount (Hoje Teatro Abril, na Av. Brig. Luiz Antonio). Posso dizer que no Teatro Consolação nasceu essa geração de artistas da MPB – Chico, Caetano, Elis, Jair Rodrigues, Simonal – então criamos *O Fino da Bossa*. A propósito do Caetano, ele mesmo escreveu num livro que eu fui o padrinho dele na televisão.

Eu sabia do seu talento e via aquele rapaz na coxia, muitas vezes, ao meu lado, fissurado assistindo ao Roberto Carlos e incentivei-o a se apresentar. Começamos com o *Esta Noite se Improvisa* e ele sabia todas as músicas, mas era praticamente um desconhecido. Fazia-se votação para o público adivinhar qual o artista que acertaria tudo e ganharia o carro, no final do programa. O Caetano, um desconhecido no meio de tantas estrelas, teve um voto só, mas acabou ganhando o carro, pois conhecia todas as músicas e assim fez sua estréia ante câmeras. Fizemos a *Jovem Guarda*, Roberto, Erasmo, e Wanderléa, dirigido ao público juvenil, e também o *Bossaudade* para a velha Guarda, comandado pela Elizeth Cardoso e pelo Ciro Monteiro, Um programa nascia em decorrência do outro e, às vezes, eu tinha dois programas por dia. Era uma loucura! Certa vez, eu fiz *Esta Noite se Improvisa*, no teatro Record, e a temporada das gêmeas Irmas Keller, no teatro Paramount, ao mesmo tempo. Depois disso, no próprio Teatro Paramount continuaram os Festivais, e teve aquele episódio do Sérgio Ricardo, em que ele quebrou o violão e atirou na platéia, que não o deixava cantar sua música e foi tudo registrado, e o público teve oportunidade de ver isso outra vez.

Tínhamos também o *Côrte Rayol Show*, com Agnaldo Rayol e o Renato Côrte-Real, que fez muito sucesso.

Tivemos um segundo incêndio no teatro da Rua da Consolação e finalmente no Paramount e fomos para o Teatro Augusta, na rua de mesmo nome. Mas aí, já era 1974 e juntando os prejuízos materiais sofridos ao longo dos incêndios, altos salários dos artistas e a nova da realidade econômica do país, a situação da Record mudou muito. Cada artista partiu para uma carreira solo e o corpo artístico e técnico foi-se desfazendo.

Nos infantis, fiz a direção do programa *Pulman Junior*, com apresentação da Marília Moreira. Era uma espécie de continuação da escola, as crianças levavam os trabalhos escolares e faziam ali suas lições e as próprias correções, tinha leitura, teatro infantil, música, as crianças levavam muito a sério e era muito fácil trabalhar com elas. Foi quando apareceu a Cidinha Campos, que passou a apresentar o programa depois. Dirigi também a *Grande Gincana Kibon*, apresentado pelo Vicente Leporace e pela Clarice Amaral, em que as crianças se apresentavam, dançando, cantando, tocando instrumentos e, ao final do mês e do ano também, havia premiação. Era muito concorrido, as crianças inscreviam-se para as apresentações, e a fila de espera era enorme, e entrava logo depois do *Circo do Arrelia*. Era criança que não acabava mais nos domingos da Record. Nunca tive problemas em trabalhar com crianças, o mesmo não acontecia com as mães, que em geral, dão muito trabalho! E também fazíamos para o público infanto-juvenil *Capitão 7*, com o Ayres Campos no papel-título, e sua companheira, a Silvana, interpretada pela Idalina de Oliveira. O Ayres incorporou o papel de tal forma que foi o *Capitão 7* para sempre. A idéia inicial foi de um jornalista do Estadão, e escrito pelo Waldemar de Moraes. A Tupi já tinha o seu herói, o *Falcão Negro*, interpretado pelo Parisi, depois veio o *Vigilante Rodoviário*, com o Carlos Miranda, que era feito em forma de filme, fora dos estúdios, A Record resolveu que precisava de seu herói doméstico e assim foi criado o nosso. A cada semana criavam-se novas aventuras. Ele era um justiceiro e fazia viagens interplanetárias, e os cenários e até mesmos foguetes, muitos deles foram feitos pelo Cyro Del Nero, espetaculares, e os efeitos especiais, a gente, completamente sem recursos técnicos, inventava como podia. Usávamos uma bomba de ar, a mesma que se usava para se limpar a cabeça de VT, ela injetava ar, um verdadeiro aspirador ao contrário, e enquanto os foguetes subiam, a gente fechava a câmera dos atores e colocava o injetor perto da pele e valia como efeito de deslocamento de ar, ficava ótimo.

A gente ia fazendo e depois repetindo, aprendendo quando dava certo. Lembro-me que tocava a campainha para o estúdio, avisando que íamos começar e eu via o *Capitão 7* cansado, ofegante, perguntava ao Durval de Sousa, que fazia a direção do estúdio, o que estava acontecendo e ele me respondia que o Ayres tão imbuído do personagem fizera tanto alongamento, tantas flexões e abdominais, que estava completamente combalido, na hora do programa. Isso aconteceu muitas vezes. As brigas também a gente preparava. Dizíamos: *Olhe Capitão 7, o pessoal que está por aí, os que faziam os inimigos, estão preparados para bater pra valer, então não economize energia.* Para os outros, a informação era de que o *Capitão 7* fora avisado para bater de mentirinha, mas às vezes, ele rebelde não obedecia às orientações, então vocês reajam. Saiu cada pancadaria de dar gosto, porém ninguém nunca chegou a se machucar de verdade, coisas do entusiasmo do programa ao vivo. No entanto, em verdade, esse e outros episódios da TV ao vivo, foram momentos inesquecíveis, marcando a vida da gente para sempre.

Quanto à Globo, sou paulista demais e para mim era estranho morar no Rio de Janeiro, longe da família e da minha cidade. Foi então que consegui convencer o Boni a criar um núcleo em São Paulo, E, em 80, fomos para o Cine Arouche e fizemos a *TV Mulher* e, com a abertura do horário matutino aqui, surgiu a idéia do *Balão Mágico*, aí convidamos a Simony, o Jairzinho, todos de São Paulo, do Rio, convidamos também o Mike Gibbs, (filho daquele inglês, do assalto ao trem pagador) que era uma espoleta, dava muito trabalho para manter-se quieto no estúdio. Eram todos bem pequenos e foi feito um trabalho muito sério de preparação dos atores, inclusive com acompanhamento de uma psicóloga, para que houvesse melhor entendimento das funções de cada um. Havia também a preocupação comportamental dos pequenos, diante da grande exposição no vídeo e da importância daquele trabalho. Foi-lhes dito que iriam apresentar matérias de interesse público, que não era um programa só de desenhos animados. O enfoque e a aproximação das crianças eram fatores delicados, e o programa como um todo foi muito bem pensado. Nossa preocupação foi muito grande em não perturbar o desenvolvimento infantil de cada um deles, para que a mensagem do programa fosse sempre boa. As filmagens do balão com as crianças foram feitas na cidade de Americana e ficaram muito bonitas. Outros personagens vieram depois, entre eles o *Fofão*, feito pelo Pessini, que enriqueceu muito o elenco, o que levou a uma recriação do programa.

O programa era aberto ao público interessado em assisti-lo e a procura era grande. O espetáculo ficou no ar até 1986, dando lugar para o programa da Xuxa. Foi um sucesso muito grande, e os apresentadores viraram estrelas, nem podiam sair às ruas, tamanho o assédio do público. Deixei a direção porque fui mandado de volta para o Rio.

Antes disso, tinha criado e deixei no ar, aqui em São Paulo o *Som Brasil*, um programa feito com o Rolando Boldrim, interessado por nossas raízes, com músicas e *causos*, que ele contava muito bem. O programa era gravado no Teatro Célia Helena. O Boldrin criou um lindo tema musical, cantado por ele e sua mulher Lurdinha Pereira, em ritmo de cateretê.

Nessa época, o Daniel Filho assumiu a Central Globo de Produções e dividiu a direção em três executivas de programas entre Paulo Ubiratan e Roberto Talma e eu. A mim coube o *Vídeo Show*, *Chico Anysio*, a novela das seis e outras coisas mais. Na novela das seis, levamos *Sinhá Moça*, com texto de Benedito Ruy Barbosa, com a Lucélia Santos e Glória Pires entre outros no elenco. A novela não era propriamente programa infantil, mas pelo horário e tema era muito visto pelas crianças e jovens. Foi a primeira direção do Jayme Monjardin, a Globo temia colocá-lo na direção, por ser ainda muito jovem, mas acreditava demais nele e foi um excelente trabalho. Depois disso, eu montei uma produtora, na qual fazíamos um programa chamado *Mulher 90* com Astrid Fontenelle e com a mesma equipe que fazia a *TV Mulher*, em seguida veio o *Plano Collor* e acabou com nosso sonho e eu perdi todo o investimento.

A TV Manchete, sabendo disso, convidou-me para assumir a direção geral, eu já fizera *Kananga do Japão*, com a Tizuca Yamazaki, e assim, levei o Jayme Monjardim como diretor artístico. Ele estava em dúvida, porque na ocasião a Globo o havia convidado para fazer comerciais na Globotec, mas felizmente, consegui convencê-lo da importância do projeto para sua carreira e ele veio comigo e lá fizemos algumas novelas de sucesso, como *Pantanal* e *Ana Raio e Zé Trovão.* Infelizmente, o projeto não teve continuidade, por causa de problemas da emissora. A novela *Pantanal* deu um susto na Rede Globo, porque o transmissor era no Sumaré, e a gente conseguiu pegar uma freqüência da programação da Globo e assim ouvir a intercomunicação feita entre eles e sabia quando ia terminar o programa deles. Eles não entendiam como é que a gente conseguia entrar no ar, imediatamente no fim da novela deles. A gente interrompia o Jornal da Manchete e entrávamos com a nossa novela. A cronometragem era precisa.

Só depois da alguns meses, eles descobriram nosso artifício e mudaram a freqüência e acabou nossa festa. Isso dava uma vida, um sabor incrível às coisas. Trabalhávamos a emoção e a qualidade dos programas.

Hoje em dia, vive-se o martírio dos apresentadores. Um olho nas câmeras e outro no monitor, que acusa o índice de audiência. É uma verdadeira guerra. E acaba dando nas bobagens que se tem visto. Às vezes, você está entrevistando uma pessoa de grande importância, mas não tem repercussão, o apresentador é obrigado a interromper e a passar para outra atração, mais banal, dando a resposta desejada. Trabalhar somente em função da audiência, além de ser muito cruel, tira a qualidade do programa. Também havia um pouco disso, no meu tempo de Globo, sobretudo na avaliação do Fantástico, por exemplo. O Boni cobrava muito o bom desempenho de audiência, mas como pessoa excepcional que é, sabia avaliar a qualidade também. Foi propriamente que deu à Globo esse padrão de qualidade que tem até hoje.

Depois dessa fase da Manchete, o Luciano Gallegari me chamou para montar o núcleo de dramaturgia no SBT, em 1994/95 e lá eu fiz o *Éramos Seis*, foi uma dificuldade para montar o elenco. O pessoal estava com medo do Silvio. Os atores me diziam, sabe, ele põe e tira as pessoas com facilidade, a gente não tem segurança. Mas acabei convencendo a Irene Ravache a fazer a Lola, foi só depois de 15 dias de trabalho de convencimento no teatro no qual ela trabalhava, que finalmente aquiesceu. O resultado foi bom, porque ela ganhou o prêmio de melhor atriz daquele ano e com ela vieram outros atores e foi um momento em que as pessoas estavam precisando daquele tema suave, simples e comovente. O livro era lido no colégio, e isso acabou chamando atenção de jovens e crianças, pois também elas participavam do elenco, principalmente, na primeira parte da trama. Encontravam-se lá o Othon Bastos, Tarcisinho, Ana Paula Arósio, Caio Blat, que estavam começando, praticamente nasceram no programa. Fizemos uma cidade cenográfica muito bonita, que acabou como ponto de visitação das pessoas e até de estudantes de arquitetura. Fui buscar o Henrique Martins, o David Grinberg, que estão lá até hoje. Fiz também As *Pupilas do Senhor Reitor, Ossos do Barão* e depois o esquema foi mudado e eu saí. Voltei um ano para Globo, fazendo a Ana Maria Braga, por uns tempos.

Eu me casei há 42 anos com Marilu Torres, em 62, conheci-a menina estudando com Madame Olenewa, e dançando no Teatro Santana e Teatro Municipal. Depois, eu descobri que, por coincidência, ela era parente do *Bauru*, Casemiro Pinto Neto, o inventor do famoso sanduíche, que era na época superintendente da Rádio Pan-Americana, depois da Record. Fiz um programa para ela, chamado *Première*, no qual ela dançava e acabamos nos casando. Ela estudou História da Arte, Jornalismo e, no *TV Mulher* fazia um quadro sobre turismo. Hoje, ela faz documentários, roteiriza, faz a narração e dirige. Acabou de fazer um na Itália, que passam nos aviões da TAM. Tivemos dois filhos, a Camila, que é formada em Propaganda e Marketing e o Marcelo Travesso, na Globo há 13 anos, fazendo uma bela carreira, sendo muito querido de todos. Isso deixa-nos muito felizes, tanto Marília quanto a mim, ao ver o sucesso profissional dos nossos filhos. Tenho dois netos, o filho do Marcelo tem 5 anos e mora no Rio e o da Camila um ano e meio. O meu neto menor tem um outro tipo de educação. Ele só assiste, por volta das 7 horas da noite, a uns vídeos, que eu trouxe de Nova York, com duração de 24 minutos cada e são formas que se transformam em brinquedos, com fundo musical de música clássica, uma coisa bem suave, que ajuda a criança a se desenvolver com suavidade. Depois ele vai dormir tranqüilo. Por determinação de minha filha não assiste a programas convencionais, pois meu neto é ainda muito pequeno e a mãe dele não acha conveniente passar muito tempo em frente de um aparelho de TV, além do que, os desenhos animados de hoje contêm muita violência.

O meu outro neto, maiorzinho, assiste a tudo.

Eu assistia ao *Sítio*, na época da Tupi e vejo o de hoje. Comparando os dois, percebe-se que mudou todo o conceito, ficaram só a idéia e o nome. Isso se deu porque as crianças também mudaram.O primeiro *Sítio* foi muito marcante na vida da gente e os personagens inesquecíveis. Outro programa interessante também foi o *Vila Sésamo*, apesar de ser estrangeiro tinha uma linguagem acessível às crianças da época. A primeira série do *Sítio*, que a Globo fez também tinha um encantamento muito grande, atualmente está um pouco diferente, é outra dinâmica, é preciso acompanhar a realidade das crianças no presente.

Hoje, eu abri uma escola, *Oficina de Atores Nilton Travesso,* porque quero passar aos jovens e às pessoas interessadas, um pouco do meu aprendizado e também porque, enquanto diretor, sentia grande dificuldade de encontrar bons atores para pequenos papéis. Apesar dos papéis serem pequenos, se fossem malfeitos, poderiam estragar todo o desempenho do elenco. O despreparo era imenso, até para entregar uma simples carta, a gente tinha dificuldade de encontrar atores e você não pode pedir essas coisas a um artista famoso. Recorrer aos desconhecidos era temerário e assim surgiu a idéia da escola de preparação de atores, um sonho antigo, mas somente agora pude realizar. Apesar de todas as dificuldades vamos em frente. Nosso objetivo aqui não é treinar atores somente para a televisão. Nosso interesse é preparar pessoas para a carreira de ator como um todo, dando conhecimento de teatro, de literatura, filosofia, história da arte, do teatro brasileiro, de artes cênicas, do cinema e até mesmo da televisão. Buscamos sensibilizar as pessoas para as artes em geral, para as cênicas em especial, e sobretudo para a disciplina que a profissão de ator requer. Estou conseguindo projetar essa idéia para os alunos, e essa realização é fruto de dois anos de meditação, mais seis meses de busca do local, pois eu queria um espaço condizente, que tivesse salas de aula e também espaço para um teatro para as apresentações, como exercício. O nosso teatro tem lugar para 100 pessoas e leva o nome de *Irene Ravache*, homenageando à grande amiga e excelente profissional que ela é. Trabalhei muito para conseguir tudo isso e procuro mostrar essa realidade às pessoas que nos procuram. O trabalho é sério, não é uma aventura, oferecemos qualidade aos alunos. Nós temos uma orientadora pedagógica, vinte e seis professores, o reconhecimento da Secretaria da Educação, supervisora dos cursos e também do credenciamento junto à Delegacia Regional do Trabalho. Os cursos são profissionalizantes e têm a duração de dois anos, os semestres são divididos em termos, com opção para um quinto, que oferece um estudo específico para televisão e cinema, outro universo, diferenciado do teatro. Nós temos, atualmente 170 alunos e é uma convivência maravilhosa perceber o progresso e crescimento de cada um. Faço com que cada um busque sua própria emoção e isso é o fator mágico da carreira de ator. Sinto que com a escola eu dei um novo e importante passo na minha carreira.

No momento, estou me dedicando exclusivamente à escola. Quando aparece alguma coisa especial, um projeto diferente, como esse convite do SBT para preparar as pessoas para o programa *Casa dos Artistas*, eu faço. Mas compromisso direto com emissoras agora não me interessa.

A televisão foi muito mágica na minha vida. Veio na hora certa e mais importante com as pessoas certas, foi realmente coisa de Deus, que me deu muito trabalho e imenso prazer e mais, essa estrutura para que eu possa passar para outros todo esse meu aprendizado ao longo desses anos. E não foi só a oportunidade de trabalhar com grandes atores e atrizes do teatro, do cinema, cantores e cantoras, mas sobretudo porque foi dentro da televisão que eu construí minha família e ainda estamos todos juntos e acho isso muito bonito, construir e manter dentro desse universo tão diverso uma família, amigos pela vida afora, enfim a história da minha vida.

Não dou cursos para crianças, porque é muito difícil tratar com as mães. Elas são muito ansiosas e acabam atrapalhando o bom desenvolvimento do trabalho. Não dá para administrar as crianças e as mães ao mesmo tempo. Vivi isso em outros tempos e não quero repetir a experiência. Trabalhamos com jovens a partir dos 16 anos e tem sido muito bom, São disciplinados, com vontade muito grande de acertar. Estou curtindo demais esse momento, está sendo um aprendizado recíproco.

IX. Ricardo Côrte-Real

Enviei algumas perguntas por e-mail para Ricardo Côrte-Real e ele respondeu. Veja como ficou.

Comecei na televisão em 1962, ano em que completaria 10 anos. Meu pai, Renato, fazia um programa com minha mãe, Bisú, na Record e com um jovem ator que fazia o papel de *Confúcio*, filho do casal. O ator foi contratado por outra emissora e comecei a pedir a meu pai colocar-me no lugar dele. Ele reescreveu o programa, incluiu também meu irmão Jú e assim nasceu o *Papai Sabe Nada*, que ficou no ar de 1962 a 66.

Meu pai, Renato Gomide Côrte-Real, começou a carreira de humorista em 1954; nessa época, seu irmão Roberto havia passado pelo rádio e fazia carreira em TV, como apresentador de programas de variedades (*Night Club Cinta Azul*) e depois telejornais. Foi também diretor da Columbia na qual lançou, entre outros, Maysa e Roberto Carlos.

Renato fazia um humor inteligente e sem ape-lações. E mesmo assim muito popular, inclusive entre as crianças. Começou em um programa de calouros na Tupi, da qual saiu contratado para trabalhar com Augusto Machado de Campos, o Machadinho, e Maria Vidal. Seu primeiro perso-nagem de sucesso foi no *Grande Show União* na Record: *Epitáfio*, marido da explosiva *Santinha*.

Contracenamos, várias vezes, começando no *Papai Sabe Nada*, depois no *Côrte Rayol Show* e no *Faça Humor, Não Faça Guerra*. E toda a família contracenou junta no *Papai Sabe Nada.*

Acredito que meu trabalho no *Papai Sabe Nada* chamou a atenção dos criadores e diretores do programa *Família Trapo* e eles foram lá em casa me convidar. O programa era gravado ao vivo, com público, no Teatro Record, e estreou em 1967 na TV Record. Eu era o Sócrates, filho do casal Pepino e Helena (Othelo Zeloni e Renata Fronzi), irmão da Verinha (Cidinha Campos) e sobrinho do tio Bronco (Ronald Golias). Comecei o programa com 14 anos e saí com 18. Decorava com relativa facilidade os textos, pois já tinha a tarimba dos tempos de *Papai Sabe Nada*. O programa durou 4 anos e acabou porque a Record estava se acabando, com dificuldades financeiras e de administração. Para não dizer da concorrência das outras emissoras, principalmente da Globo que começou a crescer cada vez mais. No começo, intimidava-me um pouco em contracenar com aquelas *feras*, mas depois era como se fosse minha família de novo. O humor, assim como a televisão, era mais inocente na época, estávamos todos crescendo juntos, a televisão, seus profissionais e seu público.

Para o público infanto-juvenil trabalhei no primeiro *Rá-Tim-Bum* e depois no *SuperMarket*. Na TV Bandeirantes (*Real Country Club*), TV Globo (*Faça Humor, Não Faça Guerra*), TV Gazeta (*TV Mix*), TV Cultura (*Rá-Tim-Bum*), TV Bandeirantes (*Super Market*), Rede Mulher (*Via Satélite*) e TV Record (*SuperMarket* e *Top TV*). A TV aprimorou muito sua técnica, mas acredito que o conteúdo não evoluiu na mesma medida.

Tenho dois filhos que não dá mais para controlar (Ricardo, 31 e Fernanda, 30), mas quando eram crianças eu controlava bem pouco sua exposição à televisão. E tem a Anna Luiza, de 11, essa não mora comigo, a mãe controla.

Na primeira vez que me afastei da televisão, fui eu que me cansei; tinha 19 anos e queria tirar a cara do ar e fazer outras coisas. A segunda foi a TV que deve ter se cansado de mim e me tirou do ar. Hoje trabalho na área comercial de uma produtora de filmes comerciais, produzo e apresento um programa de blues na *Kiss FM* e tenho uma banda, na qual toco guitarra e canto, a *Blues 4 Fun* e, finalmente, adoro jogar tênis (três vezes por semana, no mínimo).

X. Beatriz Rosenberg

Conversei com a Bia, como é chamada por todos, porque ela, durante os últimos dez anos esteve à frente da Coordenação da Programação Infantil da TV Cultura. Ela me disse o seguinte:

Sou formada pela ECA - Escola de Comunicação e Artes, da USP – Universidade de São Paulo, com pós-graduação em telecomunicações pela Universidade de San Diego, Califórnia, nos Estados Unidos.

Em minha infância, no Rio de Janeiro, assistia a alguns programas, não muitos, via alguma coisa na televisão, lembro-me do programa infantil chamado *Teatrol*, da *Gincana Kibon*, bem no início da televisão, em meados dos anos 50. Mas naquela época minha paixão eram os contos de fadas. Devorava-os. E talvez por causa dessa minha paixão infantil, tenha sido levada a seguir esta profissão. Tenho boas referências da programação infantil que era feita em São Paulo, na época, como o *Teatro da Juventude*, mas não cheguei a assistir a nenhum programa infantil paulista. Tinha também um programa americano, a teatralização de contos de fadas, apresentado por uma atriz americana, se não me engano, a Shirley Temple adulta, ou seria a Merle Oberon? Apresentava o programa vestida de fada, eu adorava, era muito bem-feito, mas não era produção brasileira. Escolhi essa carreira profissional, pois na verdade, queria fazer cinema, esse era meu objetivo quando fui estudar na ECA e mais tarde nos Estados Unidos. Mas fazer cinema no Brasil, naquela época, era utopia, não dava para sobreviver. Então, o mais próximo do que eu queria era a televisão. Fui por aí e consegui aliar minha sobrevivência a um trabalho que me dá imenso prazer. Quando comecei a trabalhar na TV Cultura fui assistir televisão; hoje eu vejo tudo, ou quase tudo.

Na verdade, eu só trabalhei na TV Cultura; comecei aqui como estagiária, e estou há 27 anos. Para mim, na época, para o desenvolvimento dos meus ideais só me interessava trabalhar numa televisão nos moldes da Cultura, pois além da televisão, havia, da minha parte, um forte interesse em fazer algo em prol da educação. A conjunção desses objetivos não poderia ser realizada numa televisão meramente comercial.

Quanto ao trabalho com crianças em televisão, minha experiência se restringe àquelas que nos procuram e que trabalham conosco aqui na Cultura, não tenho referência como seria em outros lugares. Aqui, conosco, a experiência é fascinante. Percebo em todas elas uma grande vontade de ser artista, de verdade, profissionais, porque é muita dedicação, trabalho sério, com muitas horas de exclusividade. Então, o que observo é que toda essa entrega ao trabalho advém de algo anterior, que se configura numa verdadeira vocação para esse tipo de desempenho.

Nosso trabalho é dirigido para diversas faixas etárias, mas a gente não sabe se estamos atingindo somente nossa clientela desejada. Nós pretendemos oferecer uma programação cuidada e diferenciada, recomendada a determinadas faixas de idade, com seleção de temas, de matérias, visando não exatamente à educação, mas sobretudo à informação e ao entretenimento.

Hoje, a gente tem muita coisa comprada fora do Brasil, sobretudo em relação ao desenho animado. Temos muita coisa sendo reprisada, porque isso também faz parte da proposta inicial, pois crianças menores gostam de rever programas na televisão, além disso há uma nova turma chegando ávida para assistir a essa programação. Temos o *Rá-Tim-Bum*, que praticamente virou uma marca da TV Cultura, O *Castelo Rá-Tim-Bum*, a *Ilha Rá-Tim-Bum*, o *Mundo da Lua*, o *Cocoricó*, com uma programação nova.

O *Rá-Tim-Bum* é um programa dedicado às crianças na fase pré-escolar, feito todo de quadros, no qual se conta uma história no meio de tudo isso.

O *Castelo* procura atingir desde a fase pré-escolar, bem como parte do primeiro grau e é praticamente o oposto do primeiro, é uma história com começo meio e fim e quadros no meio, com personagens fixos e com continuidade no desenrolar, tem também alguma coisa de dança e dá para inserir algo novo, nos quadros, noções de geografia, de geometria e assim por diante.

O *Ilha* é para o primeiro grau, definitivamente, é também uma história com alguns quadros. Cada programa tem um conteúdo conceitual principal e alguns secundários, que atravessam a série, com personagens específicos.

O *Cocoricó* é feito para crianças pequenas e tem ótima aceitação, por causa dos bonecos, das cores.

Na criação do programa, não houve uma só idéia inicial. O programa foi surgindo de uma série de idéias e muitas conversas sobre o universo infantil e qual a mensagem que se queria passar. Em geral, é uma equipe, que vai pensando, eleva as coisas até as nuvens e depois a gente vai colocando dentro da nossa realidade. O *Castelo Rá-Tim-Bum*, quando idealizado, inicialmente era muito maior, aí foi reduzido para se chegar ao formato que tem hoje. Os personagens existem para cumprir os objetivos do programa, do enredo e da mensagem. Assim, temos o Bongô, que é um negro com vistas à inserção da diversidade de raças, temos a Caipora, para se mostrar um personagem do folclore, porque fazia parte do conteúdo a abordagem do folclore brasileiro, o Tio Vitor e a Morgana são os adultos, que fazem um pouco os papéis de pai e mãe, sem ser uma família constituída nos moldes tradicionais, é pela aproximação de tudo isso que se impõem valores e conceitos. Cada personagem tem a sua função, não foram criados aleatoriamente.

A própria TV Cultura tem regularmente em seu quadro de funcionário um grupo de pedagogos e psicólogos, da área de educação, que dão suporte na hora da criação e desenvolvimento dos programas infantis. Na elaboração do *Castelo*, que está no ar desde 1994, a gente teve apoio e consultoria de fora, mas o Rá-Tim-Bum está no ar desde 1990 e ganhando prêmios.

Ele foi elaborado numa série de 90 programas, que são reprisados. A mesma coisa deu-se com a Ilha, só o enfoque é diferente, na *Ilha*, as crianças são um pouco maiores, e têm que se defender de inimigos, preservar a natureza, outros tipos de aventuras e de desafios. Esses dois programas resultaram em filmes com boa carreira nos cinemas.

A tônica principal dos pogramas é o divertimento. São todos programas feitos para o entretenimento das crianças. São atraentes, têm emoção, uma dose de suspense, humor, enfim elementos que prendem a atenção da criança. Para cada programa a gente traça algumas metas, que não sei se devo chamá-las de educativas ou de formativas, pois mais do que interesse de informação, nossas metas visam à formação das crianças, isso inclui conceitos matemáticos, geométricos, passando por solidariedade, trabalho em comunidade, preservação ambiental, cuidando também do contingente emocional. E são concebidos para durarem por volta de meia hora cada.

Nós aqui, na Cultura, damos relevância muito especial à programação infantil. Temos interesse em continuar cuidando desse espetáculo já existente e estamos pensando em muitas novidades no setor para muito breve. Estamos com uma plataforma interessante, agora, pegando um pouco de ciências também, que tem agradado aos telespectadores. E nossa preocupação é sempre com a realização de produtos nacionais, ligados à realidade das nossas crianças, que falem uma linguagem muito próxima delas. Temos, diariamente, dez horas de espetáculos infanto-juvenis, não é brincadeira.

A abordagem de uma TV pública com relação à recreação é diferente da emissora comercial. O ponto de partida da emissora comercial é vender a idéia do programa para o patrocinador e aí decorre todo o apelo comercial que deve ter para agradar-lhe. Nosso caminho dentro de uma emissora estatal é diverso, nossa meta é atender às necessidades do público. Ela tem que se colocar sempre como uma emissora alternativa, cuja programação não é aquela convencional, mas diferenciada e também com qualidade, especialmente nas exibições para crianças, em que elas vão encontrar algo mais além da distração e divertimento, que as faça crescer, acrescentar alguma coisa em suas vidas. Na atração infantil, o ponto básico é que seja um programa divertido, com qualidade e, sobretudo, proporcionando a abertura de um leque para inúmeras possibilidades.

Esses espetáculos entram na rede de TVs Educativas e são transmitidos para escolas, e assim pode-se ter essa programação no Brasil inteiro, pois a audiência cobre todo o território nacional. Para se ter uma idéia, uma vez fui para o interior do Amazonas e dentro do barco, o filho do condutor, do barqueiro, conhecia o *Cocoricó* e ficou com lágrimas nos olhos quando disse que conhecia o *Júlio*, o boneco do programa, que era o ídolo dele. Esse momento para mim foi de grande emoção e pude constatar a força de penetração da televisão nos mais longínquos lugares do Brasil.

Ver televisão indiscriminadamente é ruim, uma criança não deve ficar muito tempo presenciando tudo que a televisão tem. É preciso uma atenção especial dos pais, dos educadores com aquilo que a criança está vendo. É preciso que sejam oferecidas à criança alternativas à televisão, enfim outras atividades. Seria ideal que se conceituasse a televisão como uma pessoa que nos visita, que poderá trazer coisas boas e ruins. Acho que a televisão deve dedicar algumas horas de sua programação para crianças e também acho que os programas devem conter aviso sobre as faixas etárias adequadas, e isso seria um aviso para os pais e responsáveis que saberiam antecipadamente se as crianças devem ou não assistir e tomar as providências necessárias. Nota-se que crianças pequenas, menores de nove anos, têm dificuldade em assimilar o telejornal. Por exemplo, a notícia de que caiu um avião, mesmo que seja do outro lado do mundo, pode abalar, o mesmo com terremoto, inundações, catástrofes que elas não têm condições de processar e assimilar. Essa informação pode ser nociva, é preciso cuidar desta questão. Hoje em dia, vê-se que as crianças pequenas têm medo de monstros, fantasmas, personagens fantásticos, e já as maiores têm medo de ladrões, seqüestros, balas perdidas e outros problemas do cotidiano perverso, que já passam a fazer parte do universo de cada uma delas, informações muitas vezes trazidas pela televisão.

Não se pode negar que a televisão seja uma fonte muito rica de informações, nem todas desejáveis, é verdade. A televisão é um imenso supermercado, que oferece os mais diversos produtos.

É preciso que se vigie bem de perto aquilo a que as crianças estão assistindo e, sobretudo, o tempo que elas passam em frente do aparelho.

É possível que uma criança que fica vendo muita novela da Globo, na qual são inseridas muitas cenas de sexo, fazer alguma pergunta sobre o assunto para os pais, ou parentes. Isso pode ser embaraçoso, mas também, por outro lado, pode ser um ótimo momento para se abordar o assunto e se explicar algo sobre o sexo, o uso de camisinha, a banalização do ato sexual, a importância dele, enfim o contexto é grande, nem sempre a oportunidade é perdida. É preciso ter coragem para enfrentar uma situação desse tipo e sair-se dela a contento. Mas os pais ou responsáveis que se propõem a permitir que crianças assistam a esses tipos de programas, devem saber que estão sujeitos a tais situações.

Inserir dramaturgia na programação infantil, sim, está nos planos da TV Cultura. Mas como séries, não teatrinhos propriamente, pois ficaria muito caro, com cenários especiais, roupas e tudo mais. Mas uma série, como o *Mundo da Lua*, o próprio *Cocoricó*, vai voltar a ser produzido. A dramaturgia é um mundo fantástico, que se insere perfeitamente na apresentação infantil. A gente tem recebido inúmeros prêmios e isso é muito gratificante, pois dignifica nosso trabalho. Mas o que são realmente engrandecedores são a aceitação do público infantil e a boa resposta que a gente tem de nossas propostas. É para isso que a gente trabalha.

Programas Infantis do Começo da TV

Grande Gincana Kibon

Programa no qual as crianças se apresentavam cantando, tocando instrumentos ou dançando, enfim exercitando seus talentos e no final de cada mês eram premiados os melhores com um disputado troféu. Os apresentadores eram Vicente Leporace e Clarice Amaral pela TV Record a partir de 1956. Concedia prêmios anuais aos melhores artistas mirins e a seus professores.

Os Trapalhões

Dentre os programas feitos para o público infantil, que agradavam e muito aos adultos, destaca-se *Os Trapalhões*. Esse programa que tanto se popularizou na televisão teve início no ano de 1966, quando o diretor da TV Excelsior encomendou a Wilton Franco um programa para aproveitar a popularidade do cantor Wanderley Cardoso.

A fórmula era já antiga e muito usada no cinema americano, mas funcionou na telinha. O galã, no caso Wanderley, metia-se em aventuras amorosas e complicadas com as fãs e três coadjuvantes completavam o time: o cantor Ivon Curi; Ted Boy Marino, na época astro das lutas de *vale-tudo*; e, para completar o quarteto, a emissora queria um tipo matreiro, meio engraçado, meio desengonçado – foi sugerido o nome do humorista Costinha, mas a escolha recaiu finalmente em um nome pouco conhecido, Renato Aragão, e o programa foi ao ar com o nome de *Adoráveis Trapalhões*.

O programa acabou, mas Renato Aragão continuou se apresentando em outras emissoras, e outros atores foram entrando para o grupo. Até que se chegou à fórmula Didi, Dedé e Mussum, que estrelaram na TV Record *Os Insociáveis*, em 1971. Foi só, em 1974, que o quarteto se completou com a chegada de Zacarias.

Boni, em 1977, levou o grupo para a Rede Globo, e a marca do grupo começou a ser negociada para dar nome a diversos produtos, vieram os filmes, os recordes de bilheteria, até tema de Escola de Samba em 1988, na Escola de Samba Unidos do Cabuçu.

A morte de dois dos integrantes, Zacarias e Mussum, interrompeu a carreira do quarteto, mas os programas continuaram por longo tempo sendo reprisados com sucesso. O maior valor desse grupo de artistas foi o humor ingênuo e sadio que dominava seus programas, conseguindo agradar às crianças e aos adultos.

Vila Sésamo
Foi um programa infantil de muito sucesso, com estórias do cotidiano, no qual eram inseridos princípios de ensinamentos para crianças pequenas, baseados na produção americana chamada *Sesame Street*. Produção bem-cuidada e com grande aceitação do público mirim, de pais e educadores. A primeira versão foi realizada na TV Cultura de São Paulo e pela Rede Globo de 1972 a 1974.

Sítio do Pica-pau Amarelo – 2ª Edição
Foi ao ar entre março de 1977 e janeiro de 1986, às 17h25, pela Rede Globo
Autor: Monteiro Lobato
Adaptação: Paulo Afonso Grisoli e Wilson Rocha
Direção: Geraldo Case, supervisão Evaldo Pacote

O programa estreou como resultado de um convênio entre a Rede Globo, a TV Educativa e o Ministério da Educação. Dirigido à criança, o programa unia entretenimento a um conteúdo de informação e educação.

Os autores e diretores tiveram a preocupação de respeitar a obra de Monteiro Lobato. Por isso procuravam preservar os fundamentos do universo do autor, conservando o conteúdo rural, sem esquecer a parcela da população infantil das grandes cidades.

Cerca de 10 anos depois do início dessa fase do programa, a *TV Colosso*, outro programa infantil passou a reprisar diariamente alguns dos melhores episódios do *Sítio do Pica-pau Amarelo*. Em 2001, começou a ser exibida pela mesma emissora a nova versão do programa.

O Balão Mágico
De 7 de março de 1983 a 28 de junho de 1986, segunda a sexta às 11h00
Texto e Direção: Rose Nogueira
Supervisão: Nilton Travesso
Produção: Rede Globo de São Paulo

Este programa tinha praticamente uma hora de duração e misturava números musicais, sorteios e desenhos animados. Algumas pequenas histórias eram usadas como gancho para as apresentações dos desenhos e dramatizações. Era comandado pela dupla de apresentadores Simony, com seis anos, e o Fofão, fusão de homem e cachorro, interpretado pelo artista plástico Orival Pessini, que usava uma máscara criada por ele mesmo e confeccionada por Ney Galvão.

Com o tempo, foram chegando outros personagens, a pequena Luciana, o Fofinho, depois Castrinho, em 1985 o ator Ferrugem voltou para TV interpretando o boneco Halleyfante. Nesse mesmo ano, Jairzinho passou a fazer parte do programa. Balão Mágico saiu do ar em 1986 para dar lugar ao *Xou da Xuxa*.

Ilha Rá-Tim-Bum
Vai ao ar de 2ª a 6ª às 15h30, e sábados às 11h30 e 16h00, pela TV Cultura
Criação: Flávio de Souza
Direção musical: Mário Manga
Direção de fotografia: Eduardo Poiano
Direção de arte: Kiko Mistrorigo e Célia Catunda
Público alvo: crianças de 7 a 11 anos

Objetivo: possibilitar a reflexão e a construção do conhecimento e formação de valores e comportamentos com ênfase nas relações entre as pessoas. História de 5 jovens perdidos no mar. Solidariedade é o tema geral da série para vencer o vilão. Cada episódio tem um tema e enredo próprio. A comédia é a tônica para distrair o público, enquanto ensina. Os personagens erram para depois seguir o caminho certo.

Alguns programas infanto-juvenis da televisão

Amigos do Peito
Angel Mix
Angelika
Os Anjos Não Têm Cor
Arca de Noé I
Arca de Noé II
Aventuras de Fuzarca e Torresmo
As Aventuras de Oliver Twist
As Aventuras de Robin Hood
As Aventuras de Tom Sawyer
Bambaluá
Band Kids
Blitz TR - O Gênio do Mal
Bobeou Dançou
Bom-Dia e Cia.
Bozo
Canta Conto
Capitão Furacão
Capitão 7
Casa da Angélica
Castelo Rá-Tim-Bum
Catavento
Chá das Bonecas
Chiquetitas
Cine Trol

Ciranda Cirandinha
Circo do Arrelia
Circo do Fuzarca e do Torresmo
Clube da Criança
Clube do Capitão Aza
Clube do Mickey
Clube do Papai Noel
Cocoricó
Cometa Alegria
Contos Mágicos
Disney Club
Do Ré Mi Fa Sol com Mariane
Do Ré Mi Fa Sol com Simony
Domingo no Parque
Dr. Cacareco
Eliana e Cia.
Fábulas Animadas
Façamos Hoje os Homens de Amanhã
Falcão Negro
Festolândia
Galera na TV
Gente Inocente
Gladys e seus Bichinhos
Globinho
Globo Cor Especial
Glub Glub
Grande Gincana Kibon
Grêmio Juvenil Tupi
Gurilândia
Heide
Hugo Game

Ilha Rá-Tim-Bum
Jardim Juba & Lula
Jardim Zoológico
Kika e Xuxu
Lever no Espaço
Lingüinha
Lupe Limpi Clapt Topo
Malhação
Mara Maravilha
Os Menores da Semana
Muleke Malandro
O Mundo da Criança
Mundo da Lua
Mundo Maravilha
Nave da Fantasia
Nos Tempos da Vovó
Oradukapeta
Paradão da Xuxa
Passeando pela História
Patati Patatá
Pátio do Colégio
Patrulheiros Toddy
A Pequena Órfã
O Pequeno Nicholas
Pim Pam Pum
Pintando o Sete
Pirlimpimpim
Planeta Xuxa
Pluft o Fantasminha
Plunct Plact Zuum
Pollyana

Pulmann Jr.
Repórter Caçula
Revistinha
Sabatinas Maizena
Sandy e Júnior
Sessão Desenho
Sessão Tic Tac
Sessão Záz Traz
Sessão Zig Zag
Show do Malandro
Show Maravilha
Sítio do Pica-pau Amarelo
Teatrinho Trol
Teatrinho Tupi
Teatro da Juventude
Teatrol
Tele Jogo
Topo Gigio
Os Trapalhões
A Turma do Arrepio
Turma do Didi
A Turma do Lambe Lambe
A Truma do Pererê
A Turma do Sete
TV Colosso
TV Criança
TV Fofão
TV Globinho
TV Pirata
TV Pow Pow
TV Tutti Frúti

Uni Dune Te
Vamos Brincar de Escola
Vesperal Antártica
Vesperal Sésamo Tudo
Vila Sésamo
X Tudo
Xou da Xuxa
Xuxa Hits
Xuxa no Mundo da Imaginação
Xuxa Park
Zuzu Balândia
Zy Bem Bom

Televisão
50 Anos

exposição de fotos, objetos e figurinos

Exposição
[6 de setembro a 3 de novembro de 2000]

de segunda a sexta das 10h às 16h - entrada gratuita

Curadoria [Fernando Gasparotto]

Conjunto Cultural da Caixa
Praça da Sé, 111 - 4º andar

Apoio Cultural

Epílogo

A Criança na TV
(do lado de dentro e do lado de fora da telinha)

A TV Para Criança

Há, dentro de mim, uma criança que se recusa a morrer.

Liv Ullmann

Pelo fato de ter descido do Monte Olimpo, agora como simples mortal, não fazendo mais parte das divindades televisivas e na qualidade de mera telespectadora, da mesma forma que teço elogios àquilo que me agrada, concedo-me autoridade para criticar o que considero de baixa qualidade e deletério na televisão brasileira.

Devo admitir que nem tudo é desprezível, sobretudo no aspecto da programação infantil. Há até programas que demonstram a inteligência de seus autores e isso tem sido alvo de merecidos elogios. Outros, infelizmente, expõem com clareza a absoluta falta dela.

Mas questiono sempre porque os programadores insistem em colocar programas tão distantes da nossa realidade, sobretudo a das nossas crianças. Faço ressalva, não são todos os programas há as louváveis exceções.

Mas, na maioria das vezes, trata-se de clichês americanos. Desenhos animados, para o público

Banner da exposição Televisão 50 Anos, *setembro de 2000*

infantil, eivados de violência gratuita, esquecendo que quase sempre, esse é o primeiro aprendizado das crianças telespectadoras, ou pelo menos o contato inicial com um mundo diferente da sua realidade doméstica, o lado de fora da vida.

Essa guerra mercadológica, o desespero frenético pela audiência, deterioram a qualidade da programação, isso sem se falar do aspecto artístico, deturpando o gosto das pessoas, salientando o que há de pior na sociedade.

Reconheço que não é obrigação da televisão comercial educar as pessoas, mas deve-se ter em vista que em alguns segmentos da sociedade ela é o único padrão de comportamento. Decorre daí a responsabilidade da mensagem emitida, não há como se eximir dessa realidade.

Grassam pelas redes de TV excesso de cenas de sexo grosseiramente expostas, constrangendo telespectadores, principalmente na presença de crianças ou de pessoas idosas. Seria isso um sinal dos tempos? Então, maus tempos, vamos reclamar! Vamos melhorar!

Mas, reconhecemos alguns indícios de melhora, o interesse de outras redes, além da Globo, em voltar-se para a dramaturgia, proporcionando novos empregos e abrindo outros horizontes para telespectadores e anunciantes.

Também encontramos boas notícias, no segmento da programação infantil. A TV Educativa do

Rio terá uma série baseada nas histórias do livro *O Menino Maluquinho*, de autoria de Ziraldo. O livro recordista de vendas, foi também tema de dois filmes e agora, para satisfação e ganho das crianças, aporta na televisão.

Segundo os planos do diretor Cao Hamburger, a série terá 22 capítulos, com 26 minutos de duração e será bem brasileira, no estilo da *Turma do Pererê*, outro programa de Ziraldo, produzido pela mesma emissora.

Quando os programas são bem cuidados, a audiência é boa, ganham todos, em qualidade e respeito.

Temos a sorte de ser brindados com excelentes musicais, programas informativos, documentários, programas de debates e entrevistas, que deliciam, transportam os telespectadores a paragens de contentamento e prazer.

Não é verdade que um programa bem-feito, com uma produção esmerada, um bom texto custaria muito mais. O ruim e o malfeito custam imensamente mais caro que o belo e o criterioso, em face do desastroso resultado obtido. É só uma questão de bom senso.

Os programas infantis que levam boa e inteligente mensagem às crianças serão sempre lembrados. Será lembrado e reverenciado o conjunto da obra, os atores, os diretores, a música, o comercial, e, dessa forma todos serão beneficiados, sobretudo o patrocinador, pois terá o nome de seu produto ligado a um momento especial na televisão.

Fico realmente constrangida quando assisto a programas infantis e vejo crianças travestidas em adultos, repetindo todas as bobagens proferidas por aqueles. Essa fabricação de falsas crianças, ou seriam falsos adultos, em nada contribui para a formação dos jovens. Criança excessivamente maquiada, usando roupas inadequadas, rebolando, com trejeitos de caretas e bocas, só vêm denegrir a imagem da própria criança.

Convenhamos, a naturalidade é uma pose difícil de se conservar.

A essa crítica posso me dar ao luxo, porque jamais me deparei perante uma situação constrangedora dessa natureza. Nem eu, nem meus colegas que trabalhavam comigo, naquela ocasião.

A criança tem seu lugar na sociedade, e como ser em formação deve ser respeitada. Sendo-lhe ofertado um produto que contribua para seu engrandecimento como cidadão.

Mesmo porque, não devemos esquecer que, enquanto consumidores, tanto a criança quanto o jovem representam uma força considerável e uma significativa clientela para o mercado. Esse lugar que já lhes era devido outrora, naquela época em que nossas mães mandavam a gente brincar lá fora porque o assunto era de adultos.

Lembro-me, certa vez, de assistir a um programa de televisão onde eram anunciadas azeitonas Aurichio, na mesma hora, minha irmã e eu: *Mãe, traz azeitona!* (ou a bolacha, ou chocolate, ou sapatos, enfim... exatamente como ocorre nos dias de hoje).

A televisão sempre foi uma boa vendedora. Os tempos são outros e vivemos sob as ordens dos *baixinhos,* que por conta de infindáveis *conselhos* televisivos obrigam seus pais a comprarem os produtos que lhes são mostrados na telinha. E agora são muitos, pobres pais!

Assim, é preciso usar tal marca de sapato, de mochila, de bicicleta e capacete para não correr o risco de cair-se na exclusão social.

As apresentadoras mirins de programas infantis foram aos poucos substituídas por *Vênus Platinadas* que, no início, encantavam mais aos papais que as crianças.

O hábito foi-se tornando uma realidade e quase virou unanimidade, uma vez que muitos canais de televisão têm sua loira especializada em público infantil. Alguns desses programas transformaram-se em superproduções e suas apresentadoras, verdadeiras *superstars*.

Haja vista o fenômeno Xuxa, que atravessa a barreira do tempo e continua encantando gerações de crianças, igualmente ávidas a consumir os produtos que apresenta.

Só a título de informação, apresento uma dessas curiosidades, que uma vez não realizadas poderiam ter dado outro rumo ao destino. Em 1983, Maurício Sherman, na época, diretor da extinta TV Manchete convidou Xuxa Menenghel para apresentar um programa infantil, que resistiu muito em aceitá-lo, chegando mesmo a se cogitar a chamar a segunda opção – Monique Evans – para comandar o programa *Clube da Criança*. Os *baixinhos* correram o risco de ficar sem sua majestade. Não há que se negar o carisma e encanto da chamada *Rainha dos Baixinhos* e a sinceridade que ela passa no contato com as crianças. Certamente, esse é o segredo de seu sucesso e de sua permanência.

350 Mesmo para estas superestrelas do mundo infantil, as coisas não andam muito bem, nos dias de hoje.

Algumas delas não subsistiram um ano sequer. Até mesmo, no caso de Eliana e Xuxa, somente para citar as mais antigas, a primeira atuando na Record e a segunda, na Globo enfrentam problemas de todo o tipo.

Com a sofisticação e, conseqüentemente, maior exigência do público infantil não basta apenas o carisma das apresentadoras. Os desenhos animados precisam ser constantemente renovados, tendo em vista a abertura dos canais especiais, a cabo e via satélite, além do próprio conteúdo da programação, mais elaborado, para atender à demanda dessa exigente platéia.

As rainhas (e reis) do mundo infantil encontraram outro filão milionário para aumentar seus rendimentos, o licenciamento de produtos infantis, brinquedos, materiais de uso domésticos, escolares, etc.

O grau de popularidade desses artistas é medido pela quantidade de produtos licenciados ou vendidos.

Até mesmo artistas não exclusivamente ligados ao mundo infantil, como o caso de Gugu Liberato, embarcaram nesse segmento e obtêm excelente retorno financeiro.

Para se ter uma idéia de quão difícil é o caminho do chamado *mundo infantil*, eu li, outro dia, a seguinte notícia: *Depois de quase um ano de exibição, o programa* Xuxa No Mundo da Imaginação *já não sabe qual caminho seguir, se fixa seu interesse nas crianças menores ou se mira nos pré-adolescentes.*

Eliana vive algo semelhante, tendo-se observado que a fronteira da infância com a adolescência está cada vez mais difusa e velhas estratégias de comunicação estão perdendo a validade.

Angélica, outra apresentadora que começou bem menina na carreira, às vésperas de completar 30 anos, está deixando definitivamente seus tempos de apresentadora de programas infantis. Após uma pesquisa encomendada, percebeu que o público infantil já não se identificava mais com ela, seu caminho foi seguir atrás do público jovem, que aplaudiu esse gesto de maturidade.

A Televisão de hoje está muito bem estruturada e altamente profissionalizada, em parte pelo avanço tecnológico, assunto sobre o qual eu não posso nem sequer pensar em discorrer, por falta absoluta de conhecimento específico e, de outro lado pelo nível de profissionais que transitam na área.

O aparecimento da primeira escola especializada no assunto deu-se na Universidade de São Paulo, com a Faculdade de Televisão, em 1970, e na primeira turma formaram-se 18 alunos.

Hoje, só no Estado de São Paulo, temos inúmeras Faculdades de Comunicação, já são quase 300 e esse número cresce constantemente. Essas escolas, em geral, oferecem, cursos nas áreas de jornalismo, televisão e rádio, com qualidade e especificidade, apesar de não se exigir diploma universitário para o exercício da profissão. Há também, espalhados pela cidade de São Paulo e em outras cidades do Brasil, cursos de formação de ator, de boa qualidade, que já tiveram oportunidade de fornecer profissionais gabaritados para o mercado de trabalho.

Tendo vivido uma era dos sonhos e das quimeras, um período denominado *Anos Dourados*, fazendo história sem me dar conta, percebi a fugacidade das coisas realizadas na televisão dos primeiros tempos, pois tudo era feito ao vivo, e ninguém se preocupava com o assunto.

Parece que só agora começa a crescer um movimento notando a importância dos primeiros tempos de televisão e a preocupação em recuperar aqueles acontecidos.

Atualmente, essa atividade é minha prioridade, na Pró-TV - Associação dos Pioneiros, Profissionais e Incentivadores da Televisão Brasileira, na qual sou diretora jurídica. Na entidade, dedicamo-nos ao trabalho de resgate e à preservação da memória desse que se tornou o maior veículo de comunicação e entretenimento da atualidade – a Televisão. Com este livro procuro resgatar a memória dos primeiros passos da criança naquele espaço e envolvimento social ocorrido, de uma época que já está ficando esquecida pelas pessoas, e sem registro, certamente se perderá na noite dos tempos.

Certa feita, em Nova York, minha filha Renata e eu fomos visitar o *Museum of Television & Radio – MTR of New York City* – O Museu do Rádio e da Televisão, um imponente edifício, situado na Rua 52, nº 25W, esquina com a 5ª Avenida, assim que nos identificamos, fomos muito bem recebidas pelo diretor de relações públicas, que nos possibilitou o acesso às gravações de programas de seu acervo.

Dirigimo-nos a uma sala, com fones de ouvidos, poltronas, ar-condicionado, um luxo. Liguei o aparelho e ouvi um trecho de uma *soap opera*, uma novela da década de 50, mais ou mesmo no estilo das nossas. Têm esse nome porque, quase sempre eram patrocinadas por sabonete ou sabão para roupas e tanto lá como aqui, dá-lhe choradeira!

Renata pegou ao acaso um programa, e depois de algum tempo, ela entende inglês perfeitamente, indagou, perplexa: *Mãe, quando a Terra foi invadida pelos marcianos, que eu nunca fiquei sabendo?*

Ela estava ouvindo a gravação de um antológico programa realizado por Orson Welles, nos anos 40, que numa brincadeira irradiou uma pretensa invasão da Terra pelos marcianos, causando verdadeiro pânico na cidade.

O museu americano é muito bem estruturado, muitos programas perfeitamente restaurados, com salas especiais para consultas, um enorme acervo, monitores, equipamentos de primeira linha e acesso ao público, mediante um pagamento para sua manutenção, (U$ 10.00 para adultos e U$ 8.00 para estudantes), realmente cumpre seu papel prestando um excelente serviço aos interessados. Além disso, conta com a ajuda da iniciativa privada, de emissoras de rádio e TV, colaboradores e associados para realizar seu trabalho.

Esse é o sonho dos associados da Pró-TV instituir o Museu da Televisão. Aqui no Brasil, para manter a Associação, empreendemos uma batalha diária, da mesma forma que toda a entidade civil, sem fins lucrativos, que não tem um patrocinador responsável ou subsídios estatais. Nesse difícil caminho, que tem à frente Vida Alves, como presidente, já contabilizamos alguns feitos, entre eles o de celebrar os 50 anos da Televisão do Brasil, com uma festa de gala na Sala São Paulo, onde estiveram presentes mais de 500 artistas, numa platéia de 1500 pessoas. Também conseguimos sensibilizar as autoridades públicas e entre outras conquistas, a de ver declarado oficialmente, na Câmara do Deputados, em Brasília, 18 de setembro como o *Dia da Televisão*. Mas o Museu da TV ainda continua no campo dos sonhos.

Desde que a comunicação social não mais se deu na praça pública, necessitando de meios específicos para fazê-lo decorreu a necessidade da regulamentação dessa forma de atuação. Os espaços públicos foram dando lugar à comunicação eletrônica e, o fato social, e em decorrência, a notícia e/ou a informação, praticamente não existirão se ficarem fora da mídia. Dessa forma, comunicação social tornou-se um verdadeiro poder, que pode servir à democracia, à ordem social, à sociedade bem constituída, mas se estiver a serviço do mal poderá causar um dano incomensurável. Pois, para uma considerável parcela da população brasileira a televisão é a única fonte de informação e referência. Mas é preciso ter-se presente que as televisões, com raras exceções são empresas comerciais, um negócio, precisam dar lucro, mantêm-se presas à ditadura da audiência e sob o domínio do patrocinador. Os programas que dão maior audiência são aqueles geram maiores faturamentos para as emissoras, então as empresas tornam-se reféns desse resultado, porque o objetivo final é o lucro e não a educação ou o valor artístico-cultural da audição.

Sabe-se que o nível de desenvolvimento de uma região pode ser aferido pelo valor de sua comunicação social. Através da televisão, são veiculados os usos e costumes, o pensamento e realidade social, a forma de se vestir, os conceitos morais e até mesmo a comida e a bebida de determinado setor da sociedade.

Discute-se muito, atualmente, e sobretudo no Brasil o tema – liberdade de expressão – pondo-se em questão que o rádio e a televisão, com a atual linguagem, por vezes liberal em excesso, possam contribuir para o desaparecimento dos valores morais, concorrendo, talvez para a proliferação da violência, marginalidade e outras formas de exclusão social, em vez de patrocinar causas diametralmente contrárias.

Este é um tema polêmico, que não cabe ser discutido neste trabalho, pois há inúmeras correntes de comunicação social em conflito e as leis estão sendo sancionadas para regular a questão. O assunto foi mencionado somente para se deixar registrado que a legislação está sempre sendo usada para aparar arestas e dirimir questões, comumente de cunho comercial.

Examinando o que ocorre nas nações livres do mundo ocidental, observamos que a liberdade de expressão apresenta-se como necessária para a formação da opinião pública, o que pressupõe o acesso dos cidadãos a todas as informações e opiniões desenvolvidas no seio da comunidade.

Nesse contexto, o conceito de liberdade de expressão deverá ser entendido como o direito de todos expressarem livremente seu pensamento, as formas de ação e os valores culturais, típicos de um povo.

Chega-se, assim à forma encontrada pela legislação brasileira que fala em *liberdade de manifestação do pensamento*, estando incluído nesse entendimento o direito à informação e o ao entretenimento.

Portanto, no meu entender, deve sempre haver uma legislação presente nos meios de comunicação, para garantir esses direitos, inerentes aos cidadãos, mas também para balizar os procedimentos.

Não se trata de apologia à censura, muito pelo contrário, o artista deve ser absolutamente livre para poder expressar sua mensagem e exercer seu talento. Assim, a informação deve chegar à população na sua forma mais simples, sem nenhum aditivo ou modificação.

Tão-somente, temo que a liberdade de expressão sem o devido critério, possa transformar essa dita liberdade em liberalidade, podendo-se correr o risco de chegar à dissipação dos costumes e valores morais e isso causaria o caos à sociedade constituída.

É preciso levar-se em conta a desigualdade social em que vivemos, assim, determinada mensagem pode ser mal-entendida por uma camada menos preparada da população para recebê-la.

A televisão lança moda, expressões, comida e comportamento social; é claro que ninguém comete crimes porque o vilão da novela matou seu desafeto, nem adultério porque a moça da novela agiu dessa ou daquela determinada forma, mas muitos são os parâmetros de comportamento indicados pela televisão e seguidos por parcela considerável de pessoas, porque na tela da televisão quem aparece, muitas vezes, se torna ídolo e assim objeto de adoração e imitação. A linha que divide pessoa e personagem é muito tênue e de difícil assimilação.

É preciso meditar seriamente sobre a questão e refletir sobre quem e quais são os telespectadores alvos das mensagens, e também se o público está pronto para esse tipo de recado. O caminho é a ética, na TV, no trânsito, no comércio, enfim ética... na vida. Chegaremos lá!

Dia desses, fui surpreendida com um artigo no jornal sobre um fato que vem ocorrendo com freqüência – a multiplicação de clones virtuais na Internet.

Ocorreu-me a idéia de que este fato possa ser transposto para a televisão. Teríamos então clones cibernéticos de nossas atrizes ou atores preferidos, ou então estrelas perfeitas, com seios fartos e curvas perigosas, jovens atores musculosos e arrojados, capazes de proezas incontáveis, vencendo quaisquer tipos de inimigos, superando em muito os atores e atrizes de carne e osso, incapazes de tantas bravuras.

Estava lendo sobre a Gabriela. Não, não tinha cheiro nem cor de canela. Nem seus criadores tiveram tal intenção. A jovem em questão é moderna, tem cerca de 25 anos, cabelos propositalmente despenteados, olhos amendoados, desalinhadamente elegante e bonita e costuma terminar as frases com um discreto sorriso.

Essa jovem não existe na vida real, é tão-somente uma celebridade da internet e faz parte de um elenco de 20 modelos virtuais criados por uma companhia para vender produtos.

Já foi até criado o clone do Elvis Presley, utilizado pela gravadora para vender um álbum destinado à nova geração de fãs, que não o conheceram em vida.

As pessoas estão arriscadas a se apaixonar por um personagem e correr o risco de entabular uma convivência virtual.

Tomara que esses vaticínios permaneçam no limbo dos absurdos irrealizados, pois de outro jeito, a vida teria perdido toda a poesia e aí seria preciso criar-se também exércitos de *Blade Runners.*

O *Fantástico*, um dos mais populares programas domingueiros, transmitido em rede nacional pela Globo, dia desses colocou no ar um ente ciberné- tico, fazendo às vezes de apresentadora, ela já ganhou até nome - Eva Byte, fazendo estranha sintonia com a primeira mulher, e os técnicos criadores disseram que deu um trabalho danado para realizar esse feito, pois são muitas as linhas desenhadas para fazê-la falar, mover-se, enfim, comportar-se como um ser de verdade.

Esse feito vale como brincadeira e teste para os equipamentos e capacidade criativa dos técnicos, para nada mais. Faço votos que a experiência não prolifere, pois o já diminuto espaço de trabalho dos apresentadores (as) encolheria ainda mais.

Serão esses os rumos da televisão do futuro? Hoje já se modifica a aparência das pessoas, uma lipoaspiração aqui, uma puxadinha aí, um silicone ali, um *botox* acolá, tudo bem, mas uma criação por inteiro? Isso já é demais.

Não dá para se prever o futuro da televisão, in- serido no contexto das novas mídias. Qual será o interesse das futuras platéias, como serão feitos, no futuro, programas de televisão? Questões que se esvaem no ar, sem respostas.

Quando se fala de futuro, ou quando se comenta a tecnologia existente em determinado momen- to, e depois se volta ao texto precedente, per- cebe que ele envelheceu muito rapidamente. A tecnologia e os tecnólogos caminham com uma velocidade desmedida e incontrolável. Dizem os jovens, e eu concordo plenamente com essa idéia: nada mais antigo que o antigo recente.

Acho que a futurologia é uma ciência (!?) ambígua e perigosa, pois o que mais faz é errar seus prognósticos. E eu, muito matreira, reservo-me o direito de não arriscar nada no gênero, permito-me quando muito questionar o presente e tecer quimeras sobre o futuro.

Certa feita, estava visitando a Prodesp – o Centro de Processamento de Dados do Estado de São Paulo, local onde todos os dados relativos ao funcionamento estatal são coletados, desde funcionários, financeiros, compras, equipamentos, etc. são processados para a utilização devida, fiquei aterrada.

Trata-se do admirável mundo novo vivenciado. Pude constatar que, naquele lugar, o andar das pessoas, o seu falar é diferente, até o cheiro das coisas tem um odor meio estranho, meio futurista. É realmente outro planeta. O planeta cibernético. Cá com meus botões, ouvindo atentamente a palestra e explicações que o técnico nos dava, filosofei, será assim a história que os avós contarão para os netinhos, no futuro?

...Existirá, numa floresta de asfalto e concreto, protegida por ondas eletromagnéticas, uma princesa que repousa, encantada por uma bomba de nêutrons. Cercada por raios lasers, doze dragões virtuais velam, incessantemente

por seu destino e somente um cavaleiro com a inocência da manhã, indestrutível como a fé, desinteressado como a infância, poderá libertá-la, pousando em sua fronte enrijecida um cálido beijo de ternura, um sopro de esperança.

Não gostaria de deixar, ao final desse relato, uma mensagem de tristeza ou de desalento. Que venha o futuro, nós o enfrentaremos com a determinação e coragem de dantes.

Sem choradeiras, ou mágoas, críticas feitas e a alma lavada, notória é a constatação de que pensar é coisa demasiado séria para qualquer amador que se meta com a vida. Assim, sorrir ainda é um grande bálsamo, é a menor distância entre duas pessoas. Apesar de tudo, o espetáculo continua. O grande espetáculo é a vida. Não é o maior espetáculo da Terra, é o único.

Mandrágora, primavera (comecinho) de 2004

Anna Paula, Sonia e Renata, na chácara Mandrágora

Índice

Apresentação – José Serra	5
Coleção Aplauso – Hubert Alquéres	7
Prefácio	13
Agradecimentos	15
Introdução	17
Parte I	
Nasce uma Estrela	21
Os Primeiros Passos	29
O Aparecimento da Televisão	51
O Dia Seguinte e os Outros Dias	71
Do Ziguezague para a Tela	97
Vida de Artista	109
A Participação na Vida Cívica e Política	161
Os Patrocinadores e os Comerciais	177
A Adolescência e os Costumeiros Conflitos	189
Parte II	
Os Outros Queridinhos	229
Programas Infantis do Começo da TV	335
Epílogo	345

Crédito das fotografias

Acervo Adriano Stuart 232, 238, 246

Acervo David José 122, 259, 263, 266, 270, 273, 278, 279, 280, 281

Acervo Edi Cerri 267

Acervo Pró-TV 240, 243

Chiquinho/Pró-TV 12, 228

Foto Bresser 138

J.B.Campos Filho/Acervo Adriano Stuart 237

Palaia 210

Patrícia Eroles 215

Demais fotografias do acervo de Sonia Maria Dorce Armonia

Coleção Aplauso

Série Cinema Brasil

Alain Fresnot – Um Cineasta sem Alma
Alain Fresnot

O Ano em Que Meus Pais Saíram de Férias
Roteiro de Cláudio Galperin, Bráulio Mantovani, Anna Muylaert e Cao Hamburger

Anselmo Duarte – O Homem da Palma de Ouro
Luiz Carlos Merten

Ary Fernandes – Sua Fascinante História
Antônio Leão da Silva Neto

Batismo de Sangue
Roteiro de Helvécio Ratton e Dani Patarra

Bens Confiscados
Roteiro comentado pelos seus autores Daniel Chaia e Carlos Reichenbach

Braz Chediak – Fragmentos de uma vida
Sérgio Rodrigo Reis

Cabra-Cega
Roteiro de Di Moretti, comentado por Toni Venturi e Ricardo Kauffman

O Caçador de Diamantes
Roteiro de Vittorio Capellaro, comentado por Máximo Barro

Carlos Coimbra – Um Homem Raro
Luiz Carlos Merten

Carlos Reichenbach – O Cinema Como Razão de Viver
Marcelo Lyra

A Cartomante
Roteiro comentado por seu autor Wagner de Assis

Casa de Meninas
Romance original e roteiro de Inácio Araújo

O Caso dos Irmãos Naves
Roteiro de Jean-Claude Bernardet e Luis Sérgio Person

O Céu de Suely
Roteiro de Mauricio Zacharias, Karim Aïnouz e Felipe Bragança

Cidade dos Homens
Roteiro de Paulo Morelli e Elena Soárez

Como Fazer um Filme de Amor
Roteiro escrito e comentado por Luiz Moura e José Roberto Torero

Críticas de Edmar Pereira – Razão e Sensibilidade
Org. Luiz Carlos Merten

Críticas de Jairo Ferreira – Críticas de invenção: Os Anos do São Paulo Shimbun
Org. Alessandro Gamo

Críticas de Luiz Geraldo de Miranda Leão – Analisando Cinema: Críticas de LG
Org. Aurora Miranda Leão

Críticas de Ruben Biáfora – A Coragem de Ser
Org. Carlos M. Motta e José Júlio Spiewak

De Passagem
Roteiro de Cláudio Yosida e Direção de Ricardo Elias

Desmundo
Roteiro de Alain Fresnot, Anna Muylaert e Sabina Anzuategui

Djalma Limongi Batista – Livre Pensador
Marcel Nadale

Dogma Feijoada: O Cinema Negro Brasileiro
Jeferson De

Dois Córregos
Roteiro de Carlos Reichenbach

A Dona da História
Roteiro de João Falcão, João Emanuel Carneiro e Daniel Filho

Os 12 Trabalhos
Roteiro de Claudio Yosida e Ricardo Elias

Fernando Meirelles – Biografia Prematura
Maria do Rosário Caetano

Fome de Bola – Cinema e Futebol no Brasil
Luiz Zanin Oricchio

Guilherme de Almeida Prado – Um Cineasta Cinéfilo
Luiz Zanin Oricchio

Helvécio Ratton – O Cinema Além das Montanhas
Pablo Villaça

O Homem que Virou Suco
Roteiro de João Batista de Andrade, organização de Ariane
Abdallah e Newton Cannito

João Batista de Andrade – Alguma Solidão e Muitas Histórias
Maria do Rosário Caetano

Jorge Bodanzky – O Homem com a Câmera
Carlos Alberto Mattos

José Carlos Burle – Drama na Chanchada
Máximo Barro

Liberdade de Imprensa – O Cinema de Intervenção
Renata Fortes e João Batista de Andrade

Luiz Carlos Lacerda – Prazer & Cinema
Alfredo Sternheim

Maurice Capovilla – A Imagem Crítica
Carlos Alberto Mattos

Não por Acaso
Roteiro de Philippe Barcinski, Fabiana Werneck Barcinski e
Eugênio Puppo

Narradores de Javé
Roteiro de Eliane Caffé e Luís Alberto de Abreu

Onde Andará Dulce Veiga
Roteiro de Guilherme de Almeida Prado

Pedro Jorge de Castro – O Calor da Tela
Rogério Menezes

Ricardo Pinto e Silva – Rir ou Chorar
Rodrigo Capella

Rodolfo Nanni – Um Realizador Persistente
Neusa Barbosa

O Signo da Cidade
Roteiro de Bruna Lombardi

Ugo Giorgetti – O Sonho Intacto
Rosane Pavam

Viva-Voz
Roteiro de Márcio Alemão

Zuzu Angel
Roteiro de Marcos Bernstein e Sergio Rezende

Série Crônicas

Crônicas de Maria Lúcia Dahl – O Quebra-cabeças
Maria Lúcia Dahl

Série Cinema

Bastidores – Um Outro Lado do Cinema
Elaine Guerini

Série Ciência & Tecnologia

Cinema Digital – Um Novo Começo?
Luiz Gonzaga Assis de Luca

Série Teatro Brasil

Alcides Nogueira – Alma de Cetim
Tuna Dwek

Antenor Pimenta – Circo e Poesia
Danielle Pimenta

Cia de Teatro Os Satyros – Um Palco Visceral
Alberto Guzik

Críticas de Clóvis Garcia – A Crítica Como Ofício
Org. Carmelinda Guimarães

Críticas de Maria Lucia Candeias – Duas Tábuas e Uma Paixão
Org. José Simões de Almeida Júnior

João Bethencourt – O Locatário da Comédia
Rodrigo Murat

Leilah Assumpção – A Consciência da Mulher
Eliana Pace

Luís Alberto de Abreu – Até a Última Sílaba
Adélia Nicolete

Maurice Vaneau – Artista Múltiplo
Leila Corrêa

Renata Palottini – Cumprimenta e Pede Passagem
Rita Ribeiro Guimarães

Teatro Brasileiro de Comédia – Eu Vivi o TBC
Nydia Licia

O Teatro de Alcides Nogueira – Trilogia: Ópera Joyce – Gertrude Stein, Alice Toklas & Pablo Picasso – Pólvora e Poesia
Alcides Nogueira

O Teatro de Ivam Cabral – Quatro textos para um teatro veloz: Faz de Conta que tem Sol lá Fora – Os Cantos de Maldoror – De Profundis – A Herança do Teatro
Ivam Cabral

O Teatro de Noemi Marinho: Fulaninha e Dona Coisa, Homeless, Cor de Chá, Plantonista Vilma
Noemi Marinho

Teatro de Revista em São Paulo – De Pernas para o Ar
Neyde Veneziano

O Teatro de Samir Yazbek: A Entrevista – O Fingidor – A Terra Prometida
Samir Yazbek

Teresa Aguiar e o Grupo Rotunda – Quatro Décadas em Cena
Ariane Porto

Série Perfil

Aracy Balabanian – Nunca Fui Anjo
Tania Carvalho

Ary Fontoura – Entre Rios e Janeiros
Rogério Menezes

Bete Mendes – O Cão e a Rosa
Rogério Menezes

Betty Faria – Rebelde por Natureza
Tania Carvalho

Carla Camurati – Luz Natural
Carlos Alberto Mattos

Cleyde Yaconis – Dama Discreta
Vilmar Ledesma

David Cardoso – Persistência e Paixão
Alfredo Sternheim

Denise Del Vecchio – Memórias da Lua
Tuna Dwek

Emiliano Queiroz – Na Sobremesa da Vida
Maria Leticia

Etty Fraser – Virada Pra Lua
Vilmar Ledesma

Gianfrancesco Guarnieri – Um Grito Solto no Ar
Sérgio Roveri

Glauco Mirko Laurelli – Um Artesão do Cinema
Maria Angela de Jesus

Ilka Soares – A Bela da Tela
Wagner de Assis

Irene Ravache – Caçadora de Emoções
Tania Carvalho

Irene Stefania – Arte e Psicoterapia
Germano Pereira

John Herbert – Um Gentleman no Palco e na Vida
Neusa Barbosa

José Dumont – Do Cordel às Telas
Klecius Henrique

Leonardo Villar – Garra e Paixão
Nydia Licia

Lília Cabral – Descobrindo Lília Cabral
Analu Ribeiro

Marcos Caruso – Um Obstinado
Eliana Rocha

Maria Adelaide Amaral – A Emoção Libertária
Tuna Dwek

Marisa Prado – A Estrela, O Mistério
Luiz Carlos Lisboa

Miriam Mehler – Sensibilidade e Paixão
Vilmar Ledesma

Nicette Bruno e Paulo Goulart – Tudo em Família
Elaine Guerrini

Niza de Castro Tank – Niza, Apesar das Outras
Sara Lopes

Paulo Betti – Na Carreira de um Sonhador
Teté Ribeiro

Paulo José – Memórias Substantivas
Tania Carvalho

Pedro Paulo Rangel – O Samba e o Fado
Tania Carvalho

Reginaldo Faria – O Solo de Um Inquieto
Wagner de Assis

Renata Fronzi – Chorar de Rir
Wagner de Assis

Renato Consorte – Contestador por Índole
Eliana Pace

Rolando Boldrin – Palco Brasil
Ieda de Abreu

Rosamaria Murtinho – Simples Magia
Tania Carvalho

Rubens de Falco – Um Internacional Ator Brasileiro
Nydia Licia

Ruth de Souza – Estrela Negra
Maria Ângela de Jesus

Sérgio Hingst – Um Ator de Cinema
Máximo Barro

Sérgio Viotti – O Cavalheiro das Artes
Nilu Lebert

Silvio de Abreu – Um Homem de Sorte
Vilmar Ledesma

Sonia Oiticica – Uma Atriz Rodrigueana?
Maria Thereza Vargas

Suely Franco – A Alegria de Representar
Alfredo Sternheim

Tatiana Belinky – ... E Quem Quiser Que Conte Outra
Sérgio Roveri

Tony Ramos – No Tempo da Delicadeza
Tania Carvalho

Vera Holtz – O Gosto da Vera
Analu Ribeiro

Walderez de Barros – Voz e Silêncios
Rogério Menezes

Zezé Motta – Muito Prazer
Rodrigo Murat

Especial

Agildo Ribeiro – O Capitão do Riso
Wagner de Assis

Beatriz Segall – Além das Aparências
Nilu Lebert

Carlos Zara – Paixão em Quatro Atos
Tania Carvalho

Cinema da Boca – Dicionário de Diretores
Alfredo Sternheim

Dina Sfat – Retratos de uma Guerreira
Antonio Gilberto

Eva Todor – O Teatro de Minha Vida
Maria Angela de Jesus

Eva Wilma – Arte e Vida
Edla van Steen

Gloria in Excelsior – Ascensão, Apogeu e Queda do Maior Sucesso da Televisão Brasileira
Álvaro Moya

Lembranças de Hollywood
Dulce Damasceno de Britto, organizado por Alfredo Sternheim

Maria Della Costa – Seu Teatro, Sua Vida
Warde Marx

Ney Latorraca – Uma Celebração
Tania Carvalho

Raul Cortez – Sem Medo de se Expor
Nydia Licia

Rede Manchete – Aconteceu, Virou História
Elmo Francfort

Sérgio Cardoso – Imagens de Sua Arte
Nydia Licia

TV Tupi – Uma Linda História de Amor
Vida Alves

Formato: 12 x 18 cm

Tipologia: Frutiger

Papel miolo: Offset LD 90 g/m²

Papel capa: Triplex 250 g/m²

Número de páginas: 380

Editoração, CTP, impressão e acabamento:
Imprensa Oficial do Estado de São Paulo

Coleção Aplauso Série Perfil

Coordenador Geral	Rubens Ewald Filho
Coordenador Operacional e Pesquisa Iconográfica	Marcelo Pestana
Projeto Gráfico	Carlos Cirne
Editor Assistente	Felipe Goulart
Assistentes	Edson Silvério Lemos
	Thiago Sogayar Bechara
Editoração	Selma Brisolla
Tratamento de Imagens	José Carlos da Silva
Revisão	Sárvio Nogueira Holanda

© **imprensaoficial** 2008

Dados Internacionais de Catalogação na Publicação
Biblioteca da Imprensa Oficial do Estado de São Paulo

Armonia, Sonia Maria Dorce
    Sonia Maria Dorce: a queridinha do meu bairro / Sonia
Maria Dorce Armonia – São Paulo : Imprensa Oficial do
Estado de São Paulo, 2008.
    380p. : il. – (Coleção aplauso. Série perfil / Coordenador
geral Rubens Ewald Filho)

    ISBN 978-85-7060-590-0

    1. Atores e atrizes de televisão 2. Dorce, Sonia Maria -
Biografia I. Ewald Filho, Rubens. II. Título. III . Série.

                                            CDD 791.409 81

Índice para catálogo sistemático:
1. Atores brasileiros : biografia : Representação pública
791.409 81

Foi feito o depósito legal na Biblioteca Nacional
(Lei nº 10.994, de 14/12/2004)
Direitos reservados e protegidos pela lei 9610/98

Imprensa Oficial do Estado de São Paulo
Rua da Mooca, 1921   Mooca
03103-902   São Paulo   SP
www.imprensaoficial.com.br/livraria
livros@imprensaoficial.com.br
Grande São Paulo SAC 11 5013 5108 l 5109
Demais localidades 0800 0123 401

Coleção *Aplauso* | em todas as livrarias e no site
www.imprensaoficial.com.br/livraria

editoração, ctp, impressão e acabamento

imprensaoficial

Rua da Mooca, 1921 São Paulo SP
Fones: 2799-9800 - 0800 0123401
www.imprensaoficial.com.br